JN041133

世界の「頭のいい人」がやっていることを1冊にまとめてみた

What the "smart people" around the world are doing, all in just one book.

脳科学者
中野信子
Nobuko Nakano

アスコム

プロローグ

自分を磨くことをどんどん楽しむ

はじめまして。中野信子と申します。

この本を手に取ってくださるのは、どんな人だろうか?と想像しながら、この文章を書いています。

恐らくこの本は、一般に「ビジネス書」や「自己啓発書」と呼ばれるカテゴリーの本を集めてある書棚に並ぶことが多いでしょう。その中で、この本に興味を持ってくださる人というのは、「世界の頭のいい人がどんなことをやっているのか知りたい！」という熱意と向上心を持っていらっしゃる人、ということになるかと思います。

そのような人がたくさんいるということは、とても嬉しいことです。**世界基準の自分を目指して、自らを磨くのを楽しんでいける人たちがいれば、まだまだこの国も大丈夫**だと思うからです。

世界で通用するスキルは、きっと日本国内でも通用するものが多いと思います。

東大、フランスの研究所、MENSAを経て知ったこと

ここで、私の簡単な自己紹介をしておきます。私は東京大学を卒業し、大学院の博士課程では医学系研究科で脳神経医学を専攻しました。東大時代の先輩や後輩には、私などよりずっと優秀で、高いポテンシャルを持つ人が何人もいました。

でも彼らの中には、未来を自分で閉ざしてしまった、という人がいたのです。私

にとって、大きなショックでした。これはとても悲しい出来事で、今でも痛みを忘れることができません。

最高学府と呼ばれる大学の学生が、未来に絶望して自ら命を絶っていく。本当なら国を背負っていくような人たちでした。もっと図々しくなって、何度失敗したとしてもしぶとく生き延びてほしかったと、今でも思っています。

東大の大学院で医学博士号を取得した後、私はフランス国立研究所にポスドク（博士課程修了の研究者）として勤務し、**世界中のたくさんの「頭のいい人」の姿を見ることができました。**

また、どんな面白い人が集うサークルなのかという興味本位で、ＭＥＮＳＡ（メンサ）の会員になったりもしました。ＭＥＮＳＡとは、世界の全人口で上位２％の知能指数に入る人のみが入会を許される団体で、本部はイギリスにあります。ここでは、ＩＱの高い人たちと交流する機会を持ちました。

そして、世界で評価され、活躍しているビジネスパーソンに出会う機会にも多く恵まれました。経営者、技術者など、顔ぶれは様々です。

このような経験を経てきて、強く思ったことがあります。**それは、逆境も自分の味方にして、したたかに生き抜いていくのが、「世界で通用する、本当に賢い人の要件」だということ。**時に日本人には、それが足りていないのではと感じました。

世界で通用する「頭のいい人」に誰でもなれる！

たくさんの世界レベルの人たちに出会い、そこから私が得た結論は次の通り。

「『世界で通用する頭のいい人』というのは、ただの秀才ではない」

例えば彼らは、「空気を読まない」「敵を味方にする」「ストレスを自分に与える」など、ちょっと非常識だったり一見大人げないことをしてみたりすることで、周りを自分のペースに巻き込んでいく力を持っています。

実はこうしたことは、彼らのように、優秀な頭脳を持つ人だけにしかできないことではありません。ちょっと練習は必要かもしれませんが、**簡単なコツやテクニックで習得できるものです。頭のいい悪いは、関係ありません。**少し意識を変えるだけで、誰にでも今日からできることなのです。

さらに、脳を研究してきた端くれとして、彼ら「**世界で通用する頭のいい人」がやってきたことが、脳のメカニズムから見ても理にかなっている**ことをお伝えしたいと思います。

本書で登場する人たちは皆、世界で評価されて優秀な成果を収めてきた人ばかりです。

本書が皆さんの仕事、勉強、そして人生をより楽しんでいくことのお役に立つのであれば、これほど嬉しいことはありません。

中野信子

世界の「頭のいい人」がやっていることを1冊にまとめてみた contents

CHAPTER 01

世界の「頭のいい人」はどんな人か？

CHAPTER 02

世界の「頭のいい人」が心がけていること

CHAPTER 03

世界の「頭のいい人」のスケジュールの立て方

CHAPTER 04

世界の「頭のいい人」の自己分析と自己改良

CHAPTER 05

世界の「頭のいい人」に近づくために

本書は、2012年8月に弊社より刊行された『世界で活躍する脳科学者が教える！世界で通用する人がいつもやっていること』を改題し、一部加筆・修正したものです。

記述内容は、刊行時点（2012年8月）の情報等に基づいたものとなります。

CHAPTER 01

世界の「頭のいい人」は どんな人か?

空気は読まない。

――自分が好きなことと得意なことを貫く

苦手なことはきっぱりと断る

ちょっと前に、「ＫＹ（空気が読めない）」なんて言葉が流行っていたことがありましたよね。周りと歩調を合わせるのを美徳とする、日本らしい風潮かもしれません。

確かに、他人を気遣うのは素晴らしいこと。でも、世界で活躍している人には、実はＫＹの人が多いのも事実です。

私の先輩に、Ｓさんという日本人の研究者がいます。Ｓさんは日本だけでなく、ヨーロッパでも高い評価を得ていますが、**「空気を読まない」ことで己を貫いています**。

一方、Sさんと同じ研究所には、Hさんという日本人の研究者もいました。Hさんは皆を気遣って、自分の希望しない研究にも手を貸していました。しかし、評価はいまひとつ……。

SさんもHさんも研究熱心で、優れた論文を書いていました。なのに、周囲からの評価は明らかに違う。あまりにも不公平な気もしますが……、この違いは一体、どのようにして生まれたのでしょうか？

「自分の得意なものが何なのかをよく知っており、自分が苦手なことはやらない」

つまり、

「周囲に自分を合わせるのではなく、周囲が自分に合わせるようにする」

これがSさんの最大の特徴でした。

Sさんは人の意向に自分を合わせるということを、まったくしませんでした。

「苦手なものは苦手」と言って譲りません。またSさんは、**苦手なところを克服するために時間や労力を使うのではなく、自分の得意なところをブラッシュアップするために使うのに徹していました。**

そして、「これはできそうもないな」という部分は、自分でやることを避けていました。得意な人を探してその人に任せるという方法で、苦手なところをカバーしていたのです。

抱え込んでしまってはいい結果は残せない

実は**この方法、良い結果を出すには、非常に理にかなっています。**

まず、自分が苦手なところをフォローしてもらうためには、他の人を頼りにします。人は誰かに頼りにされると嬉しいものなので、基本的には喜んで引き受けてくれます。

一方、自分が得意なことには、自分の能力をフルに発揮します。

結果的に、自分にも、協力した人間にも、素晴らしい成果がついてきます。

これは、Sさんが自分の得意分野を、「誰にも真似できないレベル」にまで高めていたからこそできることでもありました。「どんな仕事でも60点レベルで、無難にこなせる」より、「この仕事を90点以上のハイレベルでできるのは自分だけ」というものを徹底的に活かすわけです。

そして、「自分では30点以下のレベルでしかできない」ことは、「90点以上のレベルでできる人」を探してきて、その人に任せればいいという考え方です。

この方法は、何でも一人でやろうとする「ゼネラリスト傾向」の強い日本人にはやや抵抗があるかもしれません。ですが、ちょっと**思考法を変えるだけで、誰にでも実行できる方法**でもあるのです。

そして、結果的に、自分も相手もいい思いができる。さらに、「あの人ってすごいね！」と高い評価を受けることにもなるのです。

自分で抱え込む人は なかなか活躍できない

一方でHさんは、Sさんとは正反対の性格。真面目すぎるところがあり、自分の苦手なものにも正面から向き合って、ちょっと無理をしてでも苦手なところを克服しようとするあまり、それに疲れてしまうような人でした。**大変なことをすべて自分で抱え込んでしまうために、収拾がつかなくなるタイプです。**

オールマイティになれることなんて、めったにないのです。

野球を例にしましょう。剛速球や変化球が自在に投げられ、ホームランを多く打てて、足が速くて、守備もうまいなんてことは稀でしょう。人は誰でも、得意・不得意があるもの。**自分が不得意なところまで無理してカバーするよりも、得意なところを伸ばすほうがいい結果を出せますし、何より自分が楽しめるはずです。**

Sさんは現在、国立大学の医学部で40歳そこそこにして准教授。しかも、哲学や音楽にものめり込むなど、好きなことばかりしています。いわゆる、よくありがちな「学者バカ」的なタイプとは一味違う研究者でしょう。

また、ヨーロッパ時代の先生や同僚とは、今でも交流を持っています。国境を越えて共同研究を積極的に展開するなど、仕事の上でつながりがあるのはもちろん、人間的にも一目置かれ、友人としてもリスペクトされています。

「空気を読まない」というと、「周囲に気遣っていない」だとか「わがままだ！」というイメージがあるかもしれません。でも、周囲に迷惑をかけたり不快な思いをさせたりするとは限らないのです。

Sさんの場合は、彼を助ける仲間がいい思いをするわけですから、空気を読まないことがむしろプラスに働いています。

「得意なことだけを貫く」。**これは一見自己中《ジコチュー》なようですが、好結果を残すには大事な要素**。これを実践しているSさんこそ、「世界で活躍できる頭のいい人」だと思うのです。

あえて勝ちを譲る。

——相手に花を持たせることで、能力の高さを見せつける

わざと普通の人のふりをする

ＭＥＮＳＡ（メンサ）という会があることをご存じの方は、もしかしたらあまりいないかもしれません。**ＭＥＮＳＡは、１９４６年にイギリスで創設された国際的なグループ。テストを受けて全人口の上位２％のＩＱの持ち主という基準に達すれば、誰でも入ることができます。**現在、世界１００ヶ国以上に会員を擁し、その数は合計で10万人ほどだそうです。

グループの名称である「ＭＥＮＳＡ」は、ラテン語で「テーブル」という意味。丸いテーブルを囲んで、メンバーが皆、平等に集まる様子を表しています。「人種、

皮膚の色、宗教的信条、国籍、年齢、政治、学歴や社会的なバックグラウンドとはまったく関係なく、すべての会員は平等な権利と義務を持っている」という意味が込められています。

私は数年前にこの存在を知り、「どんな人が集まっているのだろう？」と興味本位で試験を受けに行きました。このとき、試験監督をしていたNさんが、日本のMENSAの中心的な人物でした。

Nさんは一見すると、ごく普通の男性です。背が高くほっそりとして人当たりの良さそうな紳士。試験のときにはNさんとあまりお話しする機会もないまま（当たり前ですが）、会場を後にしました。

「試験をパスしました」という通知の後、何度か定例会などで顔を合わせる中で、**「この人は、『普通の人』のふりをしているんだ」**ということにようやく気づきました。

本当の「能ある鷹」は必要なときは爪を見せる!?

ＭＥＮＳＡの人は「やらなくても異常にできてしまう」人なので、小さい頃から周囲の人に奇異な目で見られたり、同年代の友だちと話が通じなかったりと、けっこう悲しい思いをしてきている人が多いのです。ＭＥＮＳＡの中でも能力の高い部類に属するＮさんは、そういう現実があることを知って、自分を「普通」に見せるすべを身につけてきたのです。

「能ある鷹は爪を隠す」ではありませんが、Ｎさんは、**「爪をどう隠すか、いつ爪を見せるのが効果的か」**ということをいつも考えているのです。

いつまで経っても忘れられないエピソードが、ＭＥＮＳＡの数人で集まった食事会のときのこと。これは、あるテレビ番組への出演のお疲れ様会として開かれたものでした。

そこでNさんはなんと、「じゃんけんで負けた人がその日の食事代をおごる」というルールを提案。皆は驚きつつも、エキサイトし始めました。その場でじゃんけんに勝つためのセオリーを披露し合ったりと、ちょっとしたアトラクションの様相も呈していました。

負けることで能力をアピールできることも

白熱したじゃんけん大会になりました。結果はというと、Nさんは見事(!?)、最後まで全敗。当初の約束通り、その日の支払いは、Nさんが受け取った出演料で賄うことになりました。

わざとじゃんけんに負けるというのはかなり高度な技ですが、MENSAの皆の反応を知り尽くしているNさんですから、不可能なことではありません。

じゃんけんの話は一例にすぎませんが、Nさんはいつもこんな風に皆を盛り上げます。そしてNさんは、いかにもNさんらしく、**スマートに能力をアピール**するのです。自慢話やヒネリのない（時には、うざい）自己アピールに終始する人も多い中で、**負けることで能力をアピールできるというのはすごく格好いいこと**だなと私は思っています。

あえてリスクを負うことで高い能力を証明するというのは、進化生物学などでよくいわれていること。鮮やかな外見である孔雀の羽や、フラミンゴの体色の話と通じるものがあるのかもしれません。

Nさんのやり方は、そこに繊細な知性を感じさせるものでした。

決まった儀式を行う。

――勉強や仕事の前に、集中力が高まる動作をする

勉強や仕事の前にする儀式を決めておく

勉強するときに、いきなり始めても、なかなか調子が出ない……、ということも少なくないでしょう。

そんなときは、自分なりの簡単な「儀式」を行ってから、勉強を始めてみてください。**この「儀式」を行うことによって、脳が勉強のための準備を始めるので、自然に効率が上がります。**この儀式というのは、「やりたくないな……」という気持ちを心から追い払うための工夫なのです。

私の場合は、勉強や仕事（原稿を書くなど）の前に、サイフォンで美味しいコーヒーをいれることにしています。気分によっては、濃い目の紅茶にすることもあります。カフェインは目を覚ましてくれるし、適度にやる気を刺激してくれる効果があるからです。

また、ちょっと手間をかけてこうした準備をすることも、実は大事なことです。ズルズルとニュースサイトを見続けてしまったり、あまり緊急でないメールのやりとりに時間を取られてしまうことをシャットアウトできますから。気持ちもリフレッシュできて、「さあ、やろう！」という心を整えられます。

5分だけ集中することでその後に何時間もできることも

芸能人初のＭＥＮＳＡ（ＩＱで上位２％に入る人だけのクラブ）メンバーとなったお笑い芸人・ロザンの宇治原史規さんに、テレビ収録の際にお会いしたことがあります（彼がＭＥＮＳＡのメンバーとなった試験に私も立ち会いました）。彼もやはり、京大受験生であった時代に、勉強を始める前の工夫をされていたようでした。

宇治原さんがやっていたのは、勉強机の整理整頓。つまり、勉強に関係ないモノを机の上から取り除くということ。ノート、参考書、問題集、時計、筆箱などを、決まったポジションにまず置くのです。

決まった儀式を行うと、「これから勉強が始まるぞ」ということが脳に伝わります。勉強を始めるためのスイッチをＯＮにするんですね。

しかし、「儀式」を行っても、どうしてもやる気が出ないときもあるかもしれません。そんなときは、どういう工夫をしたらいいのでしょうか。

まず、**ちょっとだけガマンして、５分間だけ集中してやってみることです。**たった5分間だけ、ガマンして勉強や仕事を続けてみましょう。そうすると、脳は勝手に勉強モードや仕事モードに入ってくれて、そのまま30分でも1時間でも勉強や仕事を続けていくことができるのです。

人間というのは、勉強や作業など、面倒なことに対して、最初はやる気が起きないもの。それでも一度始めてしまうと、意外にすんなりと進めることができる性質を持っています。つまり、勉強を始める瞬間の、「やる気が起きない」気持ちを取り払うことが、一番大事なのです。

とはいっても、それでも勉強や仕事のモードに入れないこともあります。そのときは、自分でも気づかないような疲労が溜まっている場合がありますから、**あきらめて少し横になったりしましょう。休むことが必要なときもありますから。**

ニコニコしながら主張する。

——角を立てずに相手を操縦！

日本を代表する技術者は一緒にいるのが楽しい人

しばらく前に、NHKの『プロジェクトX』という番組が放送されていました。この番組は、戦後の日本で起きた様々な開発プロジェクトを取り上げています。成功までの苦難をどのように乗り越えていったのかをドラマチックに描いたことで、大変な人気を博しました。電気製品や自動車などの産業、ダムやトンネルといった土木事業など、題材は多岐にわたります。

この『プロジェクトX』で特集を組まれた一人に、日本の某大手電気メーカーで役員をされていたKさんという人物がいます。世界に冠たる日本の科学技術を、Kさんは地道に発展させてきたのです。Kさんこそまさに、20世紀の「技術大国・日本」を牽引してきた功労者といえるでしょう。

Kさんは、技術畑での仕事をはじめ、アメリカやヨーロッパでの営業、現地法人の立ち上げなどの任務、そして最終的には本社の重要な役職までこなされました。現在は第一線を退かれ、有望な若手実業家を育てるという立場にいらっしゃいます。

こんなKさんですから、経歴だけ見ると、何だかものすごいものがあります。最初に会うときはとても緊張してしまいました。「もしかしたら、怖い人なのかな……」と。

でも、**実際にお会いしてみると、本当に物腰が柔らかで、いつも笑顔の素敵な紳士**なのです。若い人とカラオケに行くのも大好きなようです。

何より、若い人と話をして、いろいろな知識を吸収するのを楽しむというように、好奇心にあふれているのです。機知に富んだ会話で年齢を感じさせず、一緒にいるとこっちまで楽しくなりました。

笑顔をふりまきながらも主張は押し通す

Kさんは、一見とても人の良さそうな、親しみやすい雰囲気を持っています。なので、「この人が、海千山千の強力なビジネスマンが闊歩するアメリカやヨーロッパで、どうやって、自社の技術を売り込んできたのだろう?」と考えると、何とも不思議な感じがしてしまいます。ただでさえ、日本人は世界中で「いいカモ」と思われがちだというのに……。

Kさんはなぜ、カモにされることなく、相手にとっても自分にとっても良い関係を築き、事業を大きく発展させることができたのでしょうか?

実は、Kさんは**とても物腰が柔らかで、いつも笑顔を絶やさない一方で、主張を絶対に曲げることがなかった**のです。

Kさんは、相手の話をよく聞く人であるのはもちろんなのですが、ずっとお話ししていると、**いつの間にかKさんのペースに巻き込まれていく**のです。そうすると、話をしているうちにKさんの考え方や方針が、何となく正しい気分になってしまうわけです。

相手を尊重することで友好的な関係が長続きする

「議論を戦わせて、相手のミスを突き、自分の考えを通す」という方法が有効だと考える人も多いかもしれません。特に、欧米で仕事をしていたら、なおさらです。

でもそれでは、相手を傷つけてしまう場合があります。傷つけられた相手はどう感じるでしょう？ 「もう、こんな奴とは二度と仕事したくない」と思ったり、「こいつともう一度仕事をすることがあれば、徹底的に恥をかかせてやろう」なんて復讐心に燃えたりしてしまうんじゃないでしょうか？ これは欧米に限らず、世界中どこでも同じこと。人間の本質によるのです。

相手を言い負かしたそのときだけは、優越感に浸れます。でも、その相手と持続

的に良い関係を築いていくことは難しくなってしまうのです。それは、ビジネスのあり方としては、あまり効率の良い方法ではないですよね。

Kさんのように、いかにも日本人らしく、周囲を気遣うといった「和」を重んじながらも、譲らない。あわよくば、相手を巻き込んでしまう。こんな方法であれば、相手のプライドを傷つけることはなく、自分のやりたいことも良い形で貫けるのです。

また、相手を尊重しているという姿勢は崩さないので、**友好的な関係を長く保ち続けることができ、互いにメリットが大きい**のです。実にしたたかで賢いやり方ではないでしょうか。

気持ちの良い会話を生み出す「アサーション・トレーニング」

「そう言われても、うまくできそうにない……」という人もいるかもしれません。

いったんクセ付けされてしまった自分の行動は、そう簡単には方向転換できませんよね。

でも、解決策はあります。**その一つが、「アサーション・トレーニング」**。自分の意見を冷静に伝え、かつ相手側の立場をも考慮したコミュニケーションを体得するための、心理学を使った方法です。

アサーション・トレーニングをするにあたっては、人間の対応パターンを「攻撃的」「受け身的」「アサーティブ（誠実で対等）」という三つに分けて考えることから始まります。そして、この中でも「アサーティブ」にあたる態度をとることができるように練習するのが、アサーション・トレーニングとなります。

例えば、身に覚えのないことで怒られたりして嫌な思いをしたとしましょう。このとき「逆切れ」をして、怒っている相手に怒鳴り返すのは「攻撃的」な態度となります。

口をつぐんで、本当は自分は何の罪もないのに「ごめんなさい……」と謝ってしまうのは「受け身的」となります。

では、あまり聞きなれない「アサーティブ」にあたる態度とは、どんなものなのでしょうか？　これは、「私はそのようなことをした覚えがないのですけど、あなたからはそのように思われているので、とっても悲しいです」などと言うことで、**相手を責めもしなければ、自分を卑屈にすることもないことを指します**。つまり、自分の素直な気持ちを伝えるのです。

「『あなた』がそんなことを思うなんて」とか「『あなた』はどうしてそんな風に思うのですか？」などの言い方をせず、「『私』はそんな風に思われて悲しい」というように、**あくまで『私』を主語にする言い方に徹するのが秘訣**です。

少し練習が必要ですが、「アサーティブ」な態度をとるクセを、ぜひつけてみてくださいね。

アサーション・トレーニングをすることで、さわやかに主張できるようになります。そして、不当に扱われたり、人に利用されたりすることが減ります。また、怒りをぶつけて相手との関係を悪くしてしまうとか、腹が立ってストレスをため込んでしまうという状況も、未然に防げるようになります。

別に、**相手を議論で打ち負かさなくてもいい**のです。肩書きや業績で勝つ必要もまったくありません。

ただ、相手の言うことにしっかりと耳を傾けながらも、笑顔を絶やさず、自分の主張は曲げない。言葉で書くと簡単ですが、実は意外と難しいこと。でも少しずつ、練習してみてください。誰でもできるようになっていきますから。

それだけで、あなたのペースに巻き込まれて味方になってくれる人が倍増します。不思議なことですが、だまされたと思ってやってみてください。その効果に驚くことは間違いありません！

断られたくらいであきらめない。

――情熱をとにかく、どんどんぶつけていく

タランティーノ監督がオファーを断られた

前項の「主張がはっきりしている」にも通じることですが、「主張」という点で、もう一つ、興味深いエピソードを持った人がいます。ここで、ご紹介したいと思います。

自分が面白いと思ったことを、人にも面白く伝えられる――まさにその能力を極めたような、映画監督のクエンティン・タランティーノさんです。カンヌ国際映画祭・最高賞となるパルムドールや、アカデミー賞の監督賞を受賞しながらも、自身

で脚本を書き、俳優として出演もこなします。実に精力的な仕事ぶりですよね。

彼の代表作の一つが『キル・ビル』。この作品のvol.1に挿入されているアニメ部分は、日本のアニメ制作会社であるプロダクションI.Gが担当しています。プロダクションI.Gは、『攻殻機動隊S.A.C.』シリーズ、『戦国BASARA』シリーズなど質の高いアニメ作品で知られ、世界的にも高い評価を得ています。

この会社に勤める私の友人が、タランティーノ監督のエピソードを話してくれました。

実は、**『キル・ビル』のオファーが最初にあったとき、プロダクションI.Gとしてはお断りした**のだそうです。押井守監督の新作映画『イノセンス』と、神山健治監督のテレビシリーズ『攻殻機動隊S.A.C.』という2作品の制作で、現場は手いっぱい。とても人をまわせる状況ではない、というのがその理由でした。

そのとき、タランティーノ監督は、「わかった。では仕方がない……」と言って、あっさり引き下がったそうです。

「何としてでも！」という情熱が人の心を動かす

しかしその直後、アメリカから、大量のＦＡＸが。

これは、タランティーノ監督の嫌がらせ……ではなく、**「何としてでもいい映画を作り上げたい！」という、彼の情熱によるもの**でした。「この映画にはプロダクションＩ．Ｇのアニメが絶対に必要なんだ。とにかく脚本を読んでくれ！」と迫ってきたのです。

ＦＡＸで送られた脚本を読んでいた代表取締役社長の石川光久さんは、はたと膝を打ったそうです。

「プロダクションＩ．Ｇでは、リアルに細部を描写することや、ディテールにこだわることが第一だと思って、リアル志向でアクションを描く作品作りを、これまでずっとやってきた。けれども、タランティーノの脚本は、大胆で、アニメでしか実現しないものを求めている。『娯楽映画を作る』ということを、もう一度原点に返ってやってみるのも面白いんじゃないか」

タランティーノ監督の情熱が、プロダクションI.Gの心を動かしたのです。

自分が面白いと思ったら それを人にどんどん伝えよう

結果的に、『キル・ビル』の興行収入は、vol.1とvol.2を合わせると、全世界で3億ドルを超え、非常に大きな成功を収めた作品となりました。これはまさしく、タランティーノ監督の**「自分が面白いと思ったことを、人にも面白く伝えたい」という情熱の賜物**なのではないでしょうか。そして、その情熱に、プロダクションI.Gも、誠実な仕事ぶりで応えた。そのことが、関わったすべての人に利益をもたらす、大きな成果を生んだのです。

もちろん、プロダクションI.Gにオファーをしたときの、タランティーノ監督の空気を読まない行動が笑いを誘い、プロダクションI.Gのスタッフを和ませたという絶妙な効果もあったとは思いますが。

タランティーノ監督のようなすごい人の真似はできないと、皆さんは思われるかもしれません。でも、少しずつでもいいから、**「自分が心から面白いと思うことを見つけ、それを人にも面白く伝えること」を心がけてみてください。**

これに対して、スルーしたりバカにしたりする人も当然いるでしょう。でも、別に損をするほどのことではないと思います。ちょっと変な奴と言われて、軽く笑われるくらいで済むのではないでしょうか？

その一方で、**あなたのことを「面白い」と思って、あなたのペースに巻き込まれてくれる人が出てくるはず**です。

面白いと思ってもらえたら、その人はあなたの味方。一緒になって面白いことを思う存分やってくれるでしょう。一つでも面白いことが成し遂げられたら、あなたにも、あなたの味方にも、大きなプラスの結果が必ず待っていますよ。

自分の得と相手の得を考える。

——誰かのためになることをする人は、快感を得られる

どんな状況もチャンスに変える

知る人ぞ知る財界人のYさんは、御年74歳。政界の実力者といわれるような人たちが頭を下げて、「その生き様を学ばせてください！」と集まってくるようなお方です。

背はそんなに高くなく、男性にしては小柄なのですが、実に迫力のある雰囲気を持っています。各方面に事業を広げて成功を収められていることもあり、ときには視線の鋭い黒服の男性が側に控えているため、ドキドキしてしまいます。

でも実際にお話をしてみると、とても気さくで、話題も豊富。いつも笑顔を絶やさず、頭の回転も速くて、会話が楽しいという素敵なお爺様なのです。

とにかくこの方は、**迫力のあるオーラを発散していながらも、年齢相応の「くたびれ感」を一切出していません**。いつも攻めの姿勢で、常に新しいことにチャレンジしています。さらにそこで、一定の成果を収めるのです。

Yさんの行動で、特にすごいなあと感じた出来事を紹介します。

東日本大震災直後の話になるのですが、Yさんは真っ先に東北に飛んでいきました。とはいっても、ボランティアをするのでもないのです。一体Yさんは、東北へ何をしに行ったのでしょうか？

実はYさん、「大震災があったことで、仮設住宅の受注合戦や、復興のための建設ラッシュが必ず起こる」と見越したのでした。豊かな人脈を持っているYさんは、不動産や建設の業界にも顔が利きます。**並み居る若者に先駆けて、仕事の受注が入るように先手を打った**のです。

誰かの役に立つと脳は快感を覚える性質がある

「震災うつ」などでバタバタと倒れてしまう人も多い中、70歳を超えたYさんの行動力とバイタリティには本当に目を見張るものがありました。Yさんは競争に勝ち、現在はことあるごとに仙台に向かって、精力的に仕事をこなされています。**どんなに大変な状況にあっても、どんなことでもチャンスに変えてしまう。**彼こそ、そういう人物なのです。

ではなぜ、Yさんは、こんなバイタリティあふれる行動ができたのでしょうか？Yさんが、特別な人だからでしょうか？

よくよく考えてみると、Yさんの行動はいつも**「自分が得をしようと思ってやったことが、誰かの役に立つことにもなっている」というパターン**でした。「自分の利益の追求」と「誰かが本当に必要としていることをやってあげること」が、Yさんの中ではまったく同じなのです。

実は**脳には、「社会的報酬」が得られると、ドーパミンが大量に分泌されて快感を覚え、やる気が増大するという性質があります。**

人間の脳は、金銭的な報酬と同じように、社会的報酬がある場合も快感を覚えます。社会的報酬というのは、誰かから「あなたは素晴らしい！」「君のおかげで助けられた！」などと、褒められたり感謝されたりすることを指します。

一説によれば、性的な快楽よりも、社会的報酬による快感のほうがずっと上だともいわれています。人間が、名誉ややりがいを重要視し、時に金銭的報酬を省みずに行動してしまう傾向があるのは、脳がこのような性質を持つからです。

「いつまで経っても意欲的で、若々しい」というのは、ここに秘密があったのです。つまり、やり方次第で、「いつまで経っても意欲的で、若々しい『脳』」でいられるのです。

意欲的で若々しい人はいつも新鮮で楽しく見える

「ずっと若々しくいたいから、誰かのためになる大きな仕事をやろう」といっても、Yさんのような大事業ができる立場にある人は少ないと思います。でも、「自分がやりたいことが、人のためになっている」、あるいは逆に、「人のためになることをやると、自分の利益となって跳ね返ってくる」と考えるのは大事です。

そういうことを見つけて、行動してみることは、それほど難しいことではないのではないでしょうか？　どんなに小さなことだっていいのですから。

Yさんは、美味しいお店の情報にも敏感で、ガールフレンドを作って食べ歩いたり、飲み歩いたりするのも大好き。また、ファッションにも気を遣っていて、マフラーや帽子など気の利いた小物を取り入れるのが趣味のご様子。

センスの良さもあり、**いつも新鮮で、見ているほうも楽しい**のです（ちょっと間違うと、イタリアンマフィアにも見えてしまいますが……)。

大きな仕事だけではなく、こんなささいなところにも、**「自分がやりたいことをやって楽しむことが、誰かを楽しませせることに通じる」**という、Yさんの行動原理が貫かれています。

これまであまり、「自分のために何かをすることが、誰かのためにもなる」という発想のなかった方は、積極的にこういう視点を取り入れてみてはいかがでしょうか?

いつまでも意欲的で若々しい脳を保つためには、自分が楽しむのと同時に誰かを楽しませて、脳が感じる快楽を何十倍にもすることが、非常に効果的なのです。

話し上手より聞き上手。

――知らないうちに、相手を自分の思い通りに動かす

相手と噛み合わないと逃げたりケンカしたりする人が多い

前項で、「自分のやることが必ず、誰かのためにもなっている」という、Yさんの行動の基本をご紹介しました。でも、次のように思ってしまう人も、多いと思います。

「『誰かのためになる』とか『誰かに褒められる』を意識しすぎると、ただの『都合のいい人』になってしまうんじゃないか」

あるいは、「自分がもともとやりたかったことが、他人の意見に左右されて、ブレてしまうんじゃないか……」

ではYさんは、自分のやりたいことと、誰かが必要としていることがうまく噛み合わないとき、どうしているのでしょうか。

まずは、自分がそういう立場になったと想定して、検証していきましょう。あなたなら、そういうことが起きた場合、どういう行動をとりますか？

言いたいことはガマンして、自分を殺し、相手の意図に合わせるでしょうか？

それとも、「この人とは話が合わない……」と距離を置きますか？

中には、強い態度で自分の意図を主張する人もいるかもしれませんが、ケンカ別れになってしまうことが多いでしょう。

まずは相手にとことんしゃべらせよう

Yさんの態度は、どれとも違います。彼は一見、受け身のように見えるほど、柔らかな態度をとります。それでいてなぜか、彼の手にかかると、彼がやりたいように物事が進んでしまいます。ちょっと不思議ですよね。

Yさんは非常に迫力のある人なので、相手が自然とYさんに合わせるというようような側面も、なくはありません。でもYさんはそれ以前に、あることを工夫しているようなのです。自分では企業秘密（?）と思っているのか、はっきりとは口にしませんが、私は次のように思いました。

それは、**最初はとにかく相手にしゃべらせる**こと。話し上手よりも聞き上手に徹するのです。**人は誰でも、自分の話をちゃんと聞いてくれると嬉しくなる**ものです。すると相手は気分が良くなってきて、聞いてくれる人を信頼しやすくなります。

このようにして**信頼を得る方法を、「ラポールの形成」といいます**。クライアントとの信頼関係を築くために、カウンセラーが使うテクニックです。

尊敬の念を抱くところから すべては始まる

とはいっても、ただずっと聞いているだけではいけません。**ラポールの形成では、相手に好意と尊敬の念を持つことも大事です**。

Yさんはいつも、相手に対して尊敬の気持ちを持つように心がけていたのです。すると相手にもそれが伝わり、自然とYさんに対して敬意を持つようになるのです。これがラポール形成の近道であり、王道ともいえるでしょう。

ラポールの形成では、**共通点を探すのも重要**なこと。あまりよく知らない人とでも、共通点があるとわかったとたんに、打ち解けた話ができるようになるという経験は、誰しも持っているものだと思います。これは、簡単ですぐに使える方法です。

例えば、ジャズが好きな男性がいたとします。自分もジャズが好きであれば、彼が好きなミュージシャンや曲名などをあらかじめ調べておきます。対話の上ではまず、音楽の話に持っていきます。「何の曲が好きですか？」という質問は、どちらからともなく出るでしょう。

そのときに、「ちょっと待って。ここでゲームをしましょう」などと振り、お互い、白紙に自分の好きな曲の名前を書いて、伏せておくのです。そして、同時にその紙を表に返す。もし、ここで同じ曲名が書いてあったら、一気に心理的な距離が縮まります。子供だましみたいな手ですが、その有用性は学術的にも明らかにされています。

相手の趣味を事前に調べたことは、もちろん黙っておきましょう。

リアクションのひと工夫だけで信頼感が深まってしまう

また**リアクションも、ラポールの形成では欠かせません**。一緒に笑ってあげたり、怒ってあげたりと、同じ仕草を、気づかれないようにやってみたりするのです。すると相手は、親近感を強くしていきます。

ちなみに、相手の行動を真似るということの行動は、心理学では「ミラーリング」と呼ばれています。

ラポールの形成のために、Yさんはこのような工夫をしています。**まずは、相手をすっかりいい気分にさせて、自分の言うことを聞いてくれやすいようにしておきます。その裏で、自分が誘導したい目的地に話を持っていく交通整理を、ちゃっかり進めているわけです。**実に老獪《ろうかい》なお爺様ですね！

欠点を悠然と受け止める。

——自分のマイナス部分を、冷静に分析する

一緒に話しているだけでこっちまで賢くなった気になる

フランスの研究所時代の同僚のFさんは、若手の中ではかなりの注目を集めている研究者です。3ヶ月に一本という信じられないスピードで論文を発表し続け、31歳の若さで自分の研究室を持ったほどです。現在は、母国オランダでも屈指の研究施設で、准教授として活躍しています。

研究施設に入るにあたり、彼は5つもの研究所から「ポストを用意するから来てほしい」というオファーを受けました。どこか一つを選ばなければならないので、「断るって、本当に神経を使うよね……」なんていう贅沢な悩みまで口にしたほど

です。こちらは研究所での任期のことで悩んでいたというのに！　私にも神経を使ってほしい……。

それはさておき、Ｆさんはパリ出身でもないのにパリのことをよく知っています。いろいろと面白いお店や、マイナーな美術館やギャラリーなんかに案内してくれたりもしました。映画や音楽にも、ものすごく詳しい人でした。好奇心が本当に旺盛なんです。

さらに重要なポイントとして挙げたいのが、Ｆさんには研究室のムードをポジティブにする雰囲気があったという点です。**彼と話をしていると、何だか自分の頭まで明晰になったような感じがして、気分がとても晴れ晴れとしてきて、やる気が出る**のです。

さて、このＦさん、どうしてこんなにデキる奴なんでしょうか。

研究が大好きだからでしょうか？　そもそも、Ｆさんの頭のつくりが違うのでしょうか？

自分ができることとできないことを知ろう

確かにFさんは、頭のいい人です。でも、私たちがいたのはフランスでもトップレベルの研究所でしたから、Fさん以外にも頭のいい人はたくさんいたのです。というよりむしろ皆、その国を代表するような頭のいい人たちでした。その中でもFさんが際立っていたのは、一体なぜなのでしょう？

Fさんが他の人と違っていたポイントは、自分の実力を客観的に評価できることでした。

いわゆる優秀な人というのは、周囲からすぐに褒められます。それで自信過剰になったり、逆に「安心してはいけない」と思うあまりに焦って、ストイックになりすぎてしまいがちなのです。

そんな中でFさんは、自分の能力を、冷厳なまでに正確に把握していたのでした。

オランダ人らしい合理主義の賜物ともいえるかもしれません。

「自分に何ができるのか」はさておき、**「自分に何ができないのか」をきちんと見積もることは、意外に難しい**もの。それは、皆さんにも経験があるのではないかなと思います。

Fさんの、自己に対するそうしたクリアなまなざしは、友人として見ていてもとても気持ちのいいものでした。同僚たちは皆、そう感じていたと思います。またそれが、Fさんの人柄の魅力でもあったのです。

自信をつけることでマイナス部分も受け入れられる

彼の、自分自身のマイナス部分を受け止める力は、仕事をこなす技術とはまったく関係のない「人間としての自信」に由来しています。ゆるぎない自己肯定の基盤を持っているからこそ、自分のマイナス部分も悠然と受け止め、分析することができます。そして彼は、そこからいくらでも成長していくことができたのです。

ということで、自己分析を始める前に、自分のプラス部分とマイナス部分を正確に把握するための、「人間としての自信」を築いていくことを提案したいと思います。

自信を築くためによく効く方法を紹介しましょう。**まずは、自分の最も嫌いな部分、それも思い出したくもないような後悔している出来事を、どんどん挙げていきます。**次に、**それらを徹底的にポジティブに捉え直していくのです。**

この方法は、臨床心理における認知行動療法でよく使われる「系統的《けいとうてき》脱感作《だつかんさ》」に近いものです。精神的にしんどい作業かもしれません。

でも、この作業によって、**プラスがゆるぎないものになったら、あなたはもうどんなことにも動じません。**時間はかかるかもしれませんが、この先いくらでも飛躍していける、成長の基盤を手に入れたも同然なのです。

いつでも仕事が楽しそう。

——どんな仕事でも、楽しいものに変えてしまう

どんなに忙しくても楽しそうである

「世界レベルの頭のいい人」というと、ノーベル賞受賞者の顔が思い浮かぶ人も多いのではないでしょうか。私が出会った人の中で、このノーベル賞に一番近いといわれている研究者が、フランスの国立研究所に勤務しているフランス人のDさんという男性です。

彼の研究テーマは「脳の画像解析」。世界中に競争相手がたくさんいますが、うまくいけばノーベル賞が取れそうな位置にいます。

でも、うまくいかなければあらゆる方面からバッシングの嵐になることも多いのです。多額の研究費（つまり税金）をつぎ込んだ研究ですから、目に見えるわかりやすい結果が出せなければ、非難の対象となってしまうわけです。

つまり、Dさんが意識しないといけないのは、ライバルの研究者だけでなく、彼の研究を応援してくれている人たちにも及びます。常に多くのプレッシャーを抱えるという、大変な世界にいます。

彼は毎日遅くまで研究し、勉強し、研究予算を確保し、部下を統率しています。毎年何本もの論文を書いてもいます。ものすごく大変だと思うのですが、不思議なことに、**とにかくいつも楽しそう**なのです。どうして、そんなことができるのでしょうか。

自分にとって楽しいことに全力投球する一方で、Dさんは楽しくないことはやらないようにしているのです。ただ、どうしてもやらなければならない場合は、**その仕事を好きになる工夫をします**。

目指すは「仕事を楽しくする名人」！

Dさんは脳の画像を眺めることと、プレゼンテーションが大好きです。一方で、実験の細かい部分を詳細に詰めることや、主張の激しすぎる部下のあしらいはちょっと苦手なようでした。そこでDさんは、次のような行動をとっていました。

まず、**実験の詳細を詰める作業は、フランス人よりもその作業が得意だと思われている日本人やドイツ人になりきることで、こなしていました。**すると、ちょっと楽しい気分になったのか、細かいところを考える思考法まで身についてしまったようです。

ちなみにDさんの場合は、自宅に和室や日本庭園を作っています。しかも、奥さんはドイツ人の血をひく人。日本人やドイツ人になりきるためにそうしたのかは謎ですが……、ここまで極めれば楽しいでしょうね！　RPG（ロールプレイングゲーム）で主人公になりきったり、コスプレでアニメキャラになりきるのと、同じようなものでしょうか。

また、**主張の激しい部下は、その部下の苦手なことを徹底的に洗い出しました。**そして、部下が何か主張してきた際にはなるべく、その人が苦手とする分野に話をずらします。このあたりはフランス人らしく（?·）、困った部下の様子を見るのを楽しんでいたようです。

人は困ると、その状況から逃げようとします。Dさんの狙いは、部下が逃げようとすることだったのです。

何かお願いしたいことがあった場合には、部下はけっこう素直に言うことを聞いてくれたようです。またここで部下がDさんに反論でもしたら、Dさんから再び苦手な話をされてしまうと思ったからでしょう。

でも、Dさんはこんないたずらっぽいことを意味もなくやっていたわけではありません。苦手な話を振られた際に、人はどんな態度を示すのかも観察して、研究成果を発表するプレゼンの質疑応答での切り返し方の参考にしたのです。

研究が好きなDさんは、研究に少しでも役立ちそうなことは、前向きに楽しみながら取り組みます。ここでもDさんは、楽しみを見つけていたのですね。

そう考えてみると、**いつも仕事が楽しそうな人というのは、「仕事を楽しくする名人」と言い換えることができそう**です。

あなたがもし、「仕事や勉強がつまらない」と思ったら、「じゃあ自分にとって、何が一番楽しいことなのだろう？」と考えてみましょう。本を読むでも、映画を観るでも、美味しい食事をするでも、自分が楽しいと思うことを、何でもいいので探してみます。**楽しいことがわかったら、嫌な仕事と結びつけるようにする**のです。

「嫌」を「楽しい」に変えることは難しくない

例えばゲームが大好きなら、嫌な事務作業を片付けるのを、タイムトライアルだと考えて、ハイスコアを出すことに熱中してみてはどうでしょうか。どうすれば一番効率よく嫌な仕事をやっつけられるかの攻略法を編み出す中で、あっという間に片付くと思います。

ドラマを観ることが大好きなら、こんな感じです。嫌な人と一緒に仕事をしなければならないとき、「その人を悪役にしたドラマがあるとしたら、どんなストーリーになるか？」などと想像を膨らませてみるのはどうでしょうか。悪役には悪役なりの存在価値があるということが見えてきたりして、なかなか味わい深いかも!?

「楽しくない」を「楽しい」に変えることは、特別に難しくはありません。頭のいい人は、簡単なことをわざわざ難しく考えたりしないのです。だって楽しくないから！

嫌いな仕事は他人に振る。

——他人の適正を見極めて、仕事を上手に分担する

周りから助けてもらえるのがうまい人になろう

ノーベル賞に手が届くかもしれないフランス人研究者のDさんのお話を、前項でしました。彼にはもう一つ、ぜひ学んでおきたいすごいところがあります。

Dさんは、楽しくない仕事を楽しい仕事に変える名人です。でも、さすがの彼にだってどんなことを試みても、苦手なところや面白くないところから脱せないことは、ありました。Dさんはどうやって、自分の苦手なことをこなしていたのでしょうか？

実はDさん、**自分の苦手な部分を、周囲の人たちにフォローしてもらうことがとても上手**だったのです。

彼はまず、人を褒めるのがとても上手です。どうしようもないほどダメだと思う人でも、何かしら良い点を見つけて、褒めてしまいます。

褒められた人は、悪い気はしませんよね。その美点をはじめて見出してくれたのがDさんだったりしたら、なおさら、「よし、Dさんのために一肌脱いでやろう！」という気分になります。そして、**彼のお手伝いをするのを誇らしく思うようになる**のです。

上手に褒めれば人は自分に味方してくれる

でもそこは、プライドの高いフランス人。すべての人がおだてられて良い気分になったりはしません。「褒められて当然だね」と思われるならまだマシなほう。「この人は自分を褒めているけれど、その裏でバカにしているのでは?」などと、疑ってかかる人だってたくさんいるのです。

しかし不思議なことに、そんな人たちでもDさんの雑用を最後まで断ったりはしません。なぜでしょう?

そのカラクリは、Dさんの褒め方にありました。**彼は、単に褒めるだけではありません。お手伝いをしてくれた人にはちゃんとお礼をしていたのです。**

Dさんの研究論文の多くが、研究者の間で評価の高い雑誌に掲載されます。彼の実験を手伝えば、その共同研究者として自分の業績にしてもらえるのです。

こぼしたコーヒーの後始末をするといった程度のちょっとした雑用でも、彼はきちんと覚えています。お礼として、Dさん行きつけの日本料理店に連れていってくれたりするのです。

他にも、誕生日にピアノで一曲弾くなど、気の利いたプレゼントを用意してくれたり。とてもエレガントに、かといって嫌みにならないように、彼はお礼を欠かしません。

だから**周囲の人は皆、良い気分になるし、彼自身もいつも楽しく仕事をしていられる**のです。

相手の喜ぶことを見つけてお礼をしっかりとする

あなたが、仕事や勉強でつまずいたら、**その仕事を楽しくやってくれそうな人がいないか、ちょっと周囲を見回してみましょう。**そして、自分が楽しくできなかったことを手伝ってくれた人がいたら、お礼をするのです。

プレゼントがいいのか、ボーナスを上乗せしてあげることがいいのか、美味しいものをおごるのがいいのか、昇進させてあげるのがいいのか、あるいは「その人の能力を高く買っていること」を周囲にアピールしてあげることがいいのか……。相手によって、それは様々だと思います。

相手を知ってその人に合わせたお礼を用意するのは、そんなに難しくはありませ

ん。普段から人を観察するようにしていれば、少しずつできるようになります。相手にとって何をしてもらうことが嬉しいのかを理解するには、あなた自身が「相手が嬉しいと思うこと」を知っていなければいけません。

ところで、フランス人のDさんの趣味はピアノ演奏と、日本の書籍を日本語で読むこと。それから日本の伝統的な建築も、日本の古典的な美術も大好き。京都の舞妓さんとも懇意だったりします。カラオケも歌います。お箸を使うのも上手で、お気に入りの日本料理店で魚を美味しそうに食べる様子は、見ているほうまで微笑ましくなってきます。日本にとても興味があり、プライベートまでしっかりとしたたしなみができる男です。

例えば、こんなDさんに「お礼」をするには、あなたならどうしますか？　私ならば、Dさんと趣味の合いそうな日本人を紹介します！

皆を上手に褒められる。

――いい人が寄ってきて、いい関係を続けられる

輝く人は、いい人を惹きつけるための努力を惜しまない

輝いている人は、必ずといっていいほど、豊かな人脈を持っています。これは、この章でご紹介してきた方々……、ほとんど全員に当てはまる事実でしょう。

だからといって、こう思う読者もいらっしゃるかもしれません。

「この人たちは天才だし、もともとすごい人だから、何もしなくてもいい友人、いい人材が集まってくるんじゃないの？　自分は大したことない普通人だから、そんなに人が集まってくるわけがないのでは？」

もし、そう思ってしまう人がいたとしたら、とても残念なことです。

彼らは、「もともとすごい人」ではなかったのです。**いい人材を集め、いい友人を惹きつけるために、人の何倍も、何十倍も、心を砕いています。**いい人材にとって魅力的な自分であるための努力を、決して怠らないのです。

例えば、「天才であること」を鼻にかけて、あなたのことをバカにしたり、無視したりするような人がいたとしたら、あなたはその人と友好的な関係を持ち続けたいと思うでしょうか？　逆ですよね。むしろ、一刻も早くその人と距離を置きたい、あるいは、もう二度と会いたくない、なんて思うのではないでしょうか。

そのような人物は、人よりある程度勝った能力を持っていたとしても、「天才としては『二流』」なのではないでしょうか。

自分の長所だと思う部分を褒め続けることが大事

では、いい人が好きになる人、いい人が友人として認めたくなる人とは、どんな人物でしょう？　自分でも、いくつか項目を挙げてみてください。
一緒にいて楽しい人、一緒にいると元気になれる人、威張らない人、話を真剣に聞いてくれる人、良いところを認めて褒めてくれる人、生き方が格好いい人、時間に遅れない人……などなど。

いかがですか？　次に、「自分がこういう人間像に当てはまるかな〜」と考えてみてください。全部とはいかないまでも、いくつか当てはまるところがあったでしょうか？

当てはまった部分については、自分を褒め讃えてみましょう。「なんて素敵な私！」と、ややナルシシストかなと思うくらい、褒めてみてください。

それがちょっと照れくさい人は、自分の中に、自分が素敵だと思う友人が住んでいる、というイメージをしてみてください。その（自分の中の）友人が、こういう××さんだから一緒にいたくなるんだよね〜、と言って満面の笑みを浮かべて自分を褒めているところを想像してみてください。

どうですか？　ちょっといい気分になりませんか？

毎日そうやって自分の良いところを褒めていくと、不思議なことに本当にそういう人になっていきます。そのうち自分で「何だか私っていい人だなあ」と自分のことを認められるようになります。これは、健全な自己評価の高さの源。まさしくこのことが、人を惹きつける魅力になっていくのです。

人は皆、褒められたい生き物である

近年、「社会脳」と呼ばれる機能が脳に備わっている、ということが話題になっています。この社会脳というのは、その人の行動が社会性を持つように、無意識に方向付けられていく脳の仕組みのことです。

人間は、金銭的報酬などと同じように、社会的報酬（誰かから褒められたり、良い評価を得たりすること）を求める性質があります。あなたが自分で自分のことを認めるつまり、毎日褒めてあげるということは、この欲求を満たすことにほかなりません。

そして、この欲求が満たされているあなたは、自分の周りにいる人のことも認めてあげられるようになります。

あなたの周りにいる人も、あなたと同じく、社会的報酬を求める「人間」という生き物ですから、自分のことを認めてくれる人の味方になろうとします。結果的に、**あなたが自分のことを認めていくことで、価値ある人脈を築いていくことができる**のです。

CHAPTER

02

世界の「頭のいい人」が心がけていること

周りにいる人たちを虜にする。

——相手の自尊心をくすぐって好意を寄せてもらう

自尊心をくすぐることで相手は自分に好意を寄せる

フランス系ユダヤ人のAさんという女性がいます。大学院で音楽理論を学び、作曲家として活躍しています。

頭の回転がとても速い人で、人を飽きさせるということがありません。絶世の美女というタイプではありませんが、小柄で愛嬌があります。いつも楽しいことを探しているようなキラキラした瞳と、かわいらしい容姿とは対照的な低めのセクシーな声が彼女の魅力です。

音楽分野で活躍していくには、自分一人がいい作品を書くだけでは不十分。演奏家、プロデューサー、音響など、様々な人の協力を仰ぐ必要があるということは、私が指摘するまでもないことです。

そこでAさんは、**自分が作曲家として技術を磨くだけでなく、周りにいる人の心をつかみ、虜にするための努力をひそかに続けています。**

周りにいる人の心をつかんで味方にしていくというワザは、音楽分野に限らず、どんな仕事をする上でも役に立つスキルでしょう。ただ、役に立つことはわかっていても、そのためにはどうしたらいいのか、すぐには思いつかないものかもしれません。

Aさんが実行していたのは、**相手の「自尊心」をうまくくすぐること**でした。つまり彼女は、とても褒め上手だったのです。

相手の話をよく聞くことから始めよう

人間は「理解されたい」と思うもの。また、自分を深く理解してくれる人に対して、感謝の気持ちを抱き、その感謝の心を示したいと思うものです。

科学的にいうと、人間は「給料が上がる」「宝くじが当たる」などの「金銭的報酬」と同様に、「あの人はすごい！」と誰かに認められるといった「社会的報酬」を求める生き物です。**脳には報酬系と呼ばれる部位があり、ある刺激によって報酬系の活動が高まると、大きな快感を覚えるということがわかっています。**

また、報酬系は女性よりも男性のほうがずっと活発な活動をしています。つまり、一般的に男性が女性よりも出世欲が高い傾向にあったり、縄張り意識があったりというのは、この社会的報酬を求める衝動、自尊心を満たそうとする傾向がより強い、ということにほかなりません。

ではは相手の自尊心を満たしていくにはどうすればよいのでしょうか。

Aさんはまず、**相手の話をよく聞くことを心がけていました**。ここで重要なポイントは、「この人は自分のことをよく理解しようとしてくれている」という信頼感を持ってもらうことです。**話を聞く力をつけることが、相手の心をつかむ第一歩になる**でしょう。

表面的な部分を適当に褒めるのはNG

しかし、ここで失敗すると、相手はがっかりしてしまうのと同時に、あなたに対して味方になるどころか、マイナスの感情を抱きます。「自分の話を聞いてくれないのは、自分が『大したことない人』だと思われているからだ。こんな人の言うことなんか、聞いてやる義理はない」と。

なんといっても**難しいのは、相手の話を聞いて、それに沿った形で、相手が満足するようにその人を褒めること**です。

例えば、東大生が「頭がいいんですね」と褒められたとします。でもその東大生は、あまり褒められた感じがしないでしょう。

小さい頃からそんなことは言われ慣れているし、「自分は試験勉強が得意なだけで、そんなに頭がいいわけではない」と考えている人も少なくないからです。また、頭のいい人がたくさんいる環境にいる機会が多かったでしょうから、そこでもし、自分より頭のいい人を見慣れていたら、「そんな人と比べれば、自分の頭の良さはそれほどじゃない」と感じる可能性もあります。「自分は本当の意味で頭がいいとは言えない……。でも、そんなことを言ったら『嫌味』だと思われやしないだろうか」とまで考えてしまうことも。それに、成績が良いことで、逆にいじめられた経験がある人もいるかもしれません。

「この人は上っ面のことばかり言っていて、自分のことを理解してくれていないんだ」と、悲しい気持ちになってしまう東大生もいるでしょう。

自分だけが知っている相手の長所を見つけたい

では、本当に褒めるのがうまい人は、どうやって褒めるのでしょうか?

やはり、**相手をしっかり観察してあげることが基本になります**。その人がもし、試験勉強とはまったく関係ない分野のエキスパート（「オタク」という言い方もできるかもしれませんが）だったとしたら、その分野のことを言葉を尽くして褒めてみます。

例えば、鉄道が好きな人なら「今度、九州に行こうと思っているんですよ。電車で移動しようと思っているんですが、何かオススメの電車ってあります? ○○さんなら、いい路線をいっぱい知っていると思いましたから」なんていう褒め方（持ち上げ方）ができると思います。また、文章が美しい人なら、「□□さんからメールがこないかな? って、いつも楽しみにしているんです。言葉の選び方にアートを感じるんですよね」と褒めたりすることもできるでしょう。

学歴、肩書き、勤め先といったネームバリューなど、表面的な部分を安易に褒めるのは、あまりおすすめできません。**あなたが見つけた、その相手の素晴らしいところを、心を込めて褒めてあげる。**そうすると**「この人は自分のことを理解してくれている」と、その相手はぐっと、あなたに惹きつけられる**のです。

ただ、褒めるのがあまり上手になると、今度は相手が惹きつけられすぎて困ったことになる場合もあります。Aさんは、あるとき、二人の男性から同時に求婚され、一年近くも板挟みになって大変な状態になっていました。褒めるテクも使いすぎには注意……です！

敵を味方に変えていく。

——面倒な相手ごとに、対応を変えていく

人格ではなく行動だけを否定する

Aさんの「味方を作っていく」テクニックは、敵（ないし困った相手）がいる場合にも有効です。ここでは、彼女が努力していたことを、もう少し紹介します。

まず一つ目は、ルールを守れない相手に困っている場合。

この場合は、相手をとりあえず全力で持ち上げます。**批判したり叱ったりは一切せず、盛大に褒めて、称賛を浴びせます**。少なくとも、数分間続けるのがいいでしょう。

そして、相手の気分が高揚してきた頃を見計らって、直してほしい行動（遅刻するとか）について、「それは、ありえないよね～」とあっさり伝えるのです。相手の人間性については、あえて一言も触れないようにします。あくまでも、**困った行動だけを「ありえないよね～」と伝えるのがポイント**です。とても簡単にできて、しかも効果的な方法です。

相手の意見をまずは受け入れ時間をおいて再度交渉

二つ目は、意見を聞いてくれない相手に出くわした場合。

Aさんは、**先に相手の意見を受け入れるという手を使っていました。**

パーカッショニストのCさんは、作曲家であるAさんが書いてきた曲が気に入りません。彼女の提案してきた奏法、楽器、何もかもが無理のある選択だと考えているからです。AさんはCさんに演奏してほしいのですが、CさんはAさんの言うことに耳を貸しません。

Aさんは、先に折れ、こんな風にCさんに伝えました。

「この前の話を考えてみたのだけれど、やはり、Cさんが正しいと思う。Cさんの言っていたことに賛成するわ」

Cさんは、「実際に演奏するのは自分であり、その実際的なアドバイスを作曲家が受け入れたということは、Aさんにもちゃんと判断力があるようだ」と、Aさんに対して一目置くようになりました。


Aさんのうまいところは、それから二晩ほどおいて、Cさんが「無理って言っちゃったけど、もうちょっと自分が頑張ればできたことかもしれないな……」と思い始めた頃を見計らって、**もう一度、「無理だということは承知しているのだけど、あなたがやれるようにこの点を修正するので、何とかやってもらえないかな？」と再び提案したこと**です。

そして、「あなたがやれるように修正するので」と譲歩の姿勢を見せることも忘れないのが、また小憎いところです。

サボり癖のある人は監査役に抜擢する

三つ目は、やるべき仕事をサボる癖のある人に対処しなければならない場合。

サボり癖のある人は、自分が興味のあることばかりしたり、「自分にはもっと能力があるので、自分にふさわしい仕事はこれではない」などと思っていたりします。ですので、**自分に任命権がある場合、その人を指導役とか監督役にしてしまいます。**

やるべき仕事をサボっている人は、無意識にいろいろな理由を考え出し、サボる自分を正当化しています。しかし、人がサボっているのを指摘しないといけない立場になると、ちょっと状況が変わってきます。「サボっていた自分」と、「他人に『サボるな』と言わなければならない自分」の間に葛藤が生じるのです。

すると、この葛藤をなんとか正そうとする働きが、心理的に起こります。「サボる自分」と「『サボるな』と言う自分」のどちらに合わせるか、となるわけです。

自己評価が高い場合には、後者のほうが勝ちます。

そして、**指導者役をこなしていくモチベーションが高くなるので、自分自身はサボることがなくなっていきます**。これは「認知的不協和」を利用した方法で、誰かに自発的に仕事をさせるために使える、巧みな方法の一つです。

なお、認知的不協和とは、個人の持つある認知と他の認知との間に、不一致や不調和が生じることを指します。その結果、不協和を解消したり低減しようとして、行動や態度に変化が起こるのです。

嫌がらせをしてくる人にはアドバイスを求めよう

最後は、自分に嫌がらせをしてくる相手をどう黙らせるかという場合です。

攻撃してきたり、嫌がらせをしてきたりする人がいたら、あえて、**その人に直接、その嫌がらせの内容についてアドバイスを求めてみる**のです。

「アドバイスをしてあげる」というのは、相手があなたに「投資する」ということです。投資をするとき、人間は、報酬を期待します。つまり、「アドバイスが役に立つ」ということを期待するのです。嫌がらせや攻撃を続けていると、アドバイスが役に立ちません。

また**人間は、常に自分が正しい立場でいたいという欲求を持っています**。脳には自分の行動を監視する回路があって、そこが自分の行動を「良くない」と判断すると、不快感を覚えるようにできているのです。

ただし、嫌がらせをしている最中は、その嫌がらせを正当化しています。その結果、不快感を感じなくなったり、「むしろ正しいことをしている」とまで思い込んで快感を覚えることもあります。

しかし、**あなたに対して一度アドバイスをしてしまうと、「自分が授けた知恵を正解にしたい」という心理が働きます**から、自然とあなたに対して嫌がらせをするモチベーションが下がっていくのです。

適度なストレスを与える。

──試験やプレゼンなど、アウトプットの場を持つ

自分を追い込むことで成果を残してきた

ドイツ人のEさんは、神経内科の優秀な医師。研究に対する意欲が高く、臨床もこなしながら、研究者としてのキャリアを積み上げていっている女性です。

出る必要のない学会でプレゼンをする機会を作ってみたり、なんだかんだと研究会に出かけていったりして、アスリートのように自分を追い込みながら仕事をするスタイルをとっていて、そこでいつも人並み以上の成果を出していました。自分にプレッシャーをかけるのが好きな性格なのかもしれません。

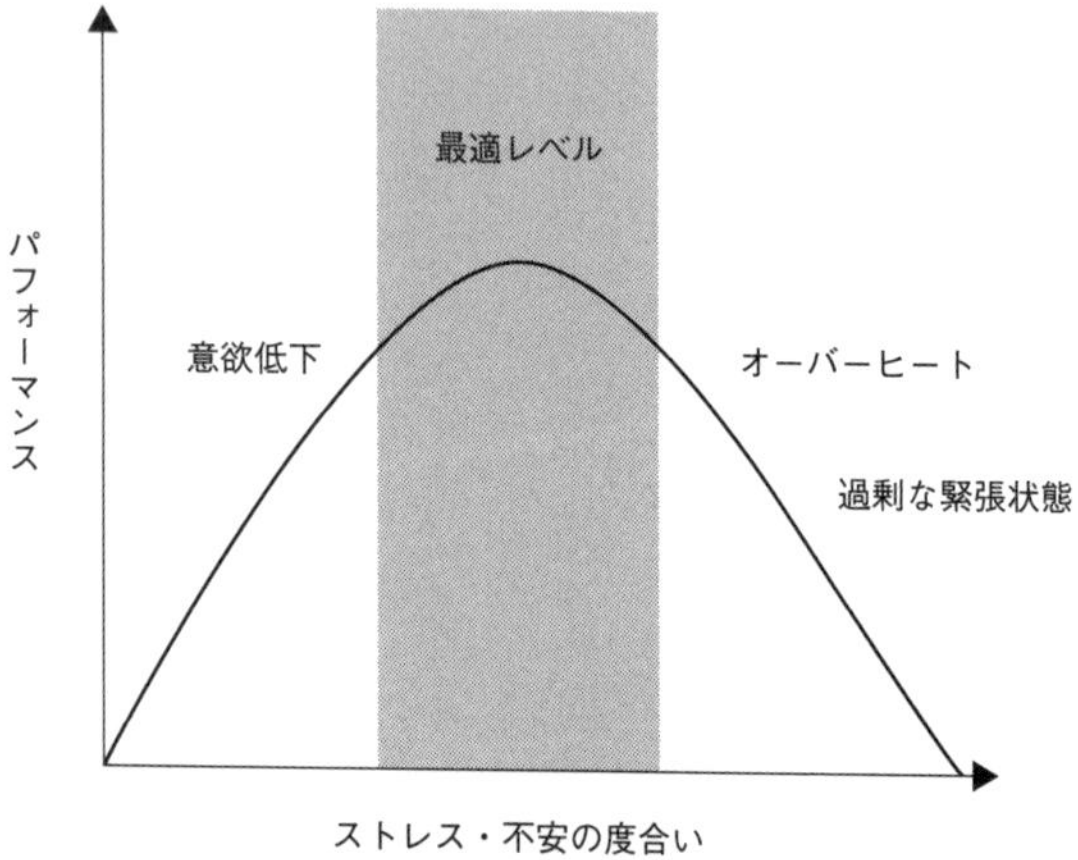

図1. ヤーキーズ・ドッドソンの法則

ここで、「ヤーキーズ・ドッドソンの法則」という心理学の基本法則を紹介したいと思います。「覚醒レベル」と「学習パフォーマンス」の間に逆U字曲線型の関係があることを明らかにした法則です（図1を参照）。心理学者のヤーキーズとドッドソンが、ネズミを使った実験で発見しました。

この法則が示しているのは、極端にストレスがなさすぎる場合や、逆にものすごいプレッシャーがかかり、ストレスにさらされている場合には、記憶や知覚のパフォーマンスが低下してしまうこと。逆に、**適度なストレスが学**

習パフォーマンスを最高レベルに高めてくれるのです。この法則はネズミだけでなく、人間にも当てはまります。一時的な感情によるストレスと、知覚や記憶のパフォーマンスとの間には、このような関係が成り立つと考えられています。

適度なストレスは必要なもの

Eさんはこの「ヤーキーズ・ドッドソンの法則」を知っていて、あえて適度なストレスを自分に与えていたのでしょう。ドイツ人らしく、ただ生真面目に振る舞っているように見えますが、研究成果を残したり発表したりするために、あえて自分を適度に追い込んでいたのだろうと思います。自分のパフォーマンスをコントロールするのが上手なのだともいえるでしょう。

ある程度のプレッシャーにさらされたほうが効率よく、適確に仕事ができる、というのは誰しも経験があることだろうと思います。例えば、明日までに論文を書いてしまわなければならない、プレゼンテーションの資料を完成させなければならないなど。その前日や夜にものすごい集中力で仕事が進むということは、よくある話ではないでしょうか。

ストレスは人間に必要なもの。ある程度のストレスはあなたのパフォーマンスを最大限に高めてくれるものなのです。

グチをまったく言わない。

——周りの人や環境のせいにしない

貴族家系であるがゆえに味わった苦労の連続

イスラエルのヘブライ大学で言語学を教えている、イタリア系ユダヤ人のSさんは、20ヶ国語を操る天才。歴史や宗教にも造詣が深く、何を聞いても何でも知っているという感じで、「本物の博士というのは、こういう人を指すんだろうなあ」と思わせる人です。

また、Sさんは爵位（伯爵）を持っており、イタリアとイスラエルに自宅があります。人懐っこく、とてもフランクなので、あまり貴族っぽくは感じないのですが。

こんな風に彼を紹介すると「家柄が良く、資産にも恵まれているから、学問を存分にやらせてもらえたのだろう。天才になって当然だ」と思う人も多いかもしれません。

ですが、Sさんの少年時代は、恵まれたものではありませんでした。

確かに爵位持ちではあるのですが、彼は幼い頃に両親を失っています。その後、養父母のもとで少年時代を送るのですが、それはとても過酷なものだったと聞きます。彼が自由にできる財産は一銭たりともなく、不条理な扱いを耐え忍んで、生きていかなければならなかったそうです。

貴族社会のことは私にはよくわかりませんが、**本来、彼が継ぐべきものを狙う大人たちから自分の身を守っていくというのは、並大抵の苦労ではなかった**でしょう。

彼の学者としての能力、また彼の現在の地位や資産は「家柄が良いから得られた」あるいは「親から与えられた」というようなものではなく、彼がたゆまぬ努力をして、着実に築いてきたものなのです。

どんなに悪い人からも学ぶという攻めの姿勢

Sさんは厳しい少年時代を送ってきたにもかかわらず、その明るさや負けない性格をねじ曲げられることなく、逆境に耐えて学問の世界で成功できたのは、なぜだったのでしょうか?

私は、**彼の強さの秘密は「人のことを悪く言わない」という一点に尽きる**と思います。

「人のことを悪く言わない」という姿勢は一見、受け身的ないわゆる「草食系」のように思えるかもしれません。でもこれは、ちょっと見方を変えてみれば、「どんな状況にあっても、それを拒絶せず、自分の成長の源にしていく」という力強さがなければできない生き方であるともいえます。

むしろ逆に、どんな人からも、自分の血肉となるものを貪欲に吸収していこうという、究極の「肉食系」なのかもしれません。

Sさんは、逆境にあった少年時代に、**どんな人からも学んで、自分の力にしていこうという、能動的な「攻め」の生き方を身につけた**のです。これは困難に立ち向かうとき、誰のことも傷つけずに戦うことができる、最善の方法といえるでしょう。

これは、**どんなに悪い状況でも、何か別の物事のせいにしないということ**でもあります。何かのせいにするというのは、例えばこんな感じです。部長が短気だから、せっかくうまくいっていた案件も途中でおじゃんになってしまった。自分はもともと運が悪い男だから、いい上司に恵まれない。今日は出勤するときに階段でつまずいたから、契約がうまくいかないんだ……、などなど。

現状否定よりも現状の有効活用を考えよう

でも、こういったことは、誰にでも同じような確率で、誰の身の上にも起こることではないでしょうか。こうしたことに原因を求めて、つまらない時間を過ごすのは実にもったいないことです。

その時間をもっと、**「現在の状況から何か得られるものはないか？」「もっと良くしていくには、どうすればよいか？」と考えることに使うほうが、ずっと楽しいし、得**なのではないでしょうか。こう考えることで、どんな状況にあっても、希望を持ち続けることができるのですから。

希望を持ち続けるということは、ずっと脳を若々しく保っていく上でも重要なこと。これは、脳科学の研究でも実証されていることです。

本から何でも吸収する。

本を先生だと考えれば、先生は選び放題

誰も味方がいないのであれば
本を味方にすればいい

前項で紹介したSさんのことをもう少しお話ししたいと思います。彼は、過酷な少年時代を送ってきたにもかかわらず、性格をゆがめられることなく、前向きさや負けない心を保ち続け、結果として、学問の世界で成功することができました。それは、逆境を人のせいにしない強い意志があったから、という理由が大きなものでしょう。

しかし、近くに誰も味方がいないとき、たった一人で強い意志を保ち続けることは、どんな人にとっても難しいものです。**心が折れてしまいそうなとき、Sさんは**

郵便はがき

105-0003

切手を
お貼りください

（受取人）
東京都港区西新橋2-23-1
3東洋海事ビル
(株)アスコム

世界の「頭のいい人」が
やっていることを
1冊にまとめてみた

読者　係

本書をお買いあげ頂き、誠にありがとうございました。お手数ですが、今後の出版の参考のため各項目にご記入のうえ、弊社までご返送ください。

お名前	男・女	才
ご住所　〒		
Tel	E-mail	
この本の満足度は何％ですか？		％
今後、著者や新刊に関する情報、新企画へのアンケート、セミナーのご案内などを郵送またはeメールにて送付させていただいてもよろしいでしょうか？ □はい　□いいえ		

返送いただいた方の中から**抽選で3名**の方に
図書カード3000円分をプレゼントさせていただきます。

当選の発表はプレゼント商品の発送をもって代えさせていただきます。
※ご記入いただいた個人情報はプレゼントの発送以外に利用することはありません。
※本書へのご意見・ご感想およびその要旨に関しては、本書の広告などに文面を掲載させていただく場合がございます。

●本書へのご意見・ご感想をお聞かせください。

ご協力ありがとうございました。

どうやって負けない心を保つことができたのか？

彼に尋ねてみたことがありました。

彼は少年時代に、養父母に不条理な扱いを受けていたということを、前項でお話ししました。

あまり詳しくはいえないのですが、Sさんは、学校での彼の成績が抜群だったために、それに嫉妬した養父母の実子から、ある事件の濡れ衣を着せられてしまったということがありました。その結果、彼は、風紀も良くなく、あまり教育熱心でない学校に転校させられてしまいます。

養父母の権威を恐れた学校側は、Sさんのために何一つ手を打つことができない有様でした。

Sさんは、静かに学校を去っていきました……。

しかし、Sさんが学校を後にするとき、彼の才能を認めていた一人の教師が、こんなことを言ったそうです。

「これから君は、いい教師に恵まれる可能性は少ないだろう。一人で悩みを抱えながら過ごすことになるかもしれない。しかし、誰にも教えてもらうことができなくても、世界には多くの本がある。これからは本が、君の先生だよ。どの科目を学ぶのかも、どの先生に教えてもらうのかも、君の自由だ」

それを聞いて、Sさんは胸が熱くなったそうです。**誰も味方がいないのであれば、まず本を味方にして、自分に力をつけていこう。**そう思ったそうです。恵まれた環境がないなら、自分で環境を作らなければならない。そのために本から学べることを学びきろうと、彼は図書館に通い詰めました。

生きる指針も友となる人物も本の中では必ず出会える

今、ミラノとエルサレムにあるSさんの家は、蔵書でいっぱいです。「正確な冊数はもうわからなくなってしまったけど、数万冊はあるだろうね」と彼は言います。もちろん学者ですから、学術書もたくさんあってもおかしくありません。とはいっても、この蔵書の多さにはやはり少年時代の経験が大きく影響していると考えるのが自然でしょう。

本から得た哲学を芯として自分の人格を作り上げ、本の中の登場人物を友として、これらを糧にしながら、彼は必死で、前向きに生きるコツをつかんできたのでしょう。苦しい時代だったでしょうが、そうした習慣を身につけられたことは、彼にとって、素晴らしい財産になったのではないかと思います。

「自分の味方はすぐ近くにはいないかもしれないけれど、本の中には絶対にいる」

こう考えると、前向きにいろいろなことに挑戦していけると思うのです。

「先生に恵まれない」「上司の教え方が悪い」「尊敬できる人がいるけど、とても私など相手にしてくれるわけがない」と悶々と悩んでいる人もいるかもしれません。

確かに、教え方がうまい先生や上司なんて、そんなに多くはいないものですよね。

それに、たとえ評判の良い先生に巡り会えたとしても、学費が高くて続けられなかったり、先生も忙しすぎて自分のために割いてくれる時間なんてほとんどなかったり……。また、そもそも、評判が良くても、自分の傾向に合っているかどうか、という問題もあるでしょう。

少しのお金で好きな時間に読めるのが本の長所

では、本を先生と考えてみると、どうでしょうか。

本は読者を差別することがありません。怒ることはないし、やめたければ途中でやめてもかまいません。自分のペースに合わせて、好きなときに、好きなことを勉強できるのです。

本を読むという作業が苦痛に感じる人も、このように考えれば、本を開くことが楽しくなるのではないでしょうか。ちょっと気晴らしに温泉旅行にでも……なんて、どこかに行ったりするよりもずっと安上がりで、もっともっと新しい世界を、あなたの心の中に開いてくれるのです。

スケジュールも、自分で自由に決められます。本を読むことを、本の都合に合わせて待つなんて必要がないわけですから。読みたいと思ったら、今すぐ買いに行くか、図書館にでも行けばよいのです。それに、書店にまで行かなくても、今ならインターネットを経由していくらでも、あなたの好きな本を見つけて、買うことができるでしょう。

どうか、あなたの気に入った、良き先生となる本を見つけてください。**少しのお金を出すだけで、素晴らしい先生たちが、皆、あなたの力になってくれる**のです。

ライバルを見つける。

——足の引っ張り合いではなく、長所の盗み合いをする

ライバルの良いところをとことん吸収する

フランスの研究所時代に一番仲の良かった同僚、アルジェリア出身の女性研究者Fさんの話をしましょう。

彼女は、アラビア語はもちろん、フランス語、英語、ドイツ語の4ヶ国語を話し、Ph.D.（英語圏での博士号）を持つ才女。今はパリ郊外の感じのいい町（パリ市内を東京23区と考えると、吉祥寺くらいにあたる場所）に住み、同じく研究者でフランス人であるご主人と、かわいい双子の女の子がいます。

研究者として新しい分野に意欲的に取り組む積極性が彼女の持ち味で、何か新しい案件があると、上司はいつも彼女を頼りにしていました。研究者として優秀であったのはもちろんですが、女性として、人間としての魅力がある人で、チームのムードメーカーとして大きな役割を果たしていました。まさに才色兼備というのはこういう人のことをいうのでしょう。

Fさんは、**ライバルを見つけるのが得意**でした。

ライバルを見つけたとき、相手の足を引っ張ろうとして、そのライバルの良くない点を何とかして探し出して、けなしたり悪口を言ったりすることがあるかもしれません。

でも、Fさんは違いました。**ライバルを見つけるやいなや、その人の良い部分に目をつけて、その良い部分を自分にも取り入れよう、自分もできるようにしよう、と取り組むのです**。これが、Fさんのすごいところです。

脳は休ませすぎると働きが悪くなる

Ｆさんは優秀な人なので、すぐにそういう目標が達成できてしまうのがまたすごいところなのですが、それゆえに、ライバルも彼女のことを意識するようになることが多くありました。なので、Ｆさんもなかなか刺激的な日々を送っていたみたいです。

彼女はもともと、何か目標を見つけて戦うということが好きな性格なのだろうと思います。その生まれつきの性格をうまく使って、自分を高めることに役立てていたと見ることもできるでしょう。

パナソニック（旧松下電器）の創業者・松下幸之助は「ライバルが強くなければ自分も強くならない」と言ったそうです。確かに人間というのは、共に強くなる相手がいないとどうしても慢心してしまって、「この辺で十分だろう」とだらけてしまうものです。

　脳というのは大量にエネルギーを消費することもあり、ずっと戦い続けている状態に耐えられるようには作られていないので、すぐに休もうとする性質を持っています。でも、あまり休みすぎると、今度は戦えない脳になってしまいます。うつを引き起こすもとにもなりかねません。休むことも大切ですが、**上手に脳を戦わせてやる工夫も必要**なのです。


　ライバルの話をすると、「他人と比較するな」というアドバイスが時々出ます。でもこれは、「他人と比較したときに、ネガティブな気持ちになるな。落ち込んで他人の足を引っ張ろうとするくらいなら、比較するな」という意味なのではないでしょうか。**他人との比較も、本当は大事なこと**だと私は思います。

　他人と比較する場合は「何を比較し、それをどのように捉えて今後どうするか」ということが重要となります。また、自分で立てる目標が客観的に見て低い目標であるなら要注意です。「低い目標」を達成したときの満足感は、目標と同じように「低い」ものなのです。結局は、低い自己評価につながってしまいかねません。

良い成果を出すことがライバルへの最高のリベンジ

今の自分にとって、最高のライバルを見つけてください。そのライバルと戦える自分に誇りを持ちましょう。

また逆に、**誰かにライバル視されることがあったとしたら、それはとても光栄なことです。**そのライバルが、足を引っ張ってきたり、攻撃したりしてくるような面倒な相手であったとしたら、それと戦うのはしんどいことですが、ひるまずに思う存分こちらも戦えばいいのです。そうして戦っているうちに、自分でも気づかないうちに、どんどん力がついていくのです。

とはいっても、相手をおとしめたり、攻撃したりするのに精力を注ぐのでは、泥仕合になるだけで自分に何も残りません。

Fさんはいつも、**「最高のリベンジは、最高の仕事をすること」**と言っていました。これもまた素敵な言葉です。彼女は思う存分戦いながらも、その一方で、ライバルが存在することの価値を知っていて、敵に感謝できる人でもあったのです。

内村鑑三の著書『代表的日本人』の中で紹介されていますが、日蓮宗（法華宗）の宗祖である日蓮は「方人（かたうど＝味方のこと）よりも強敵が人をば善く成しけるなり」と言って、**味方よりも敵の存在に感謝する姿勢の大切さ**を述べています。

私たちも、日蓮と同じ日本人として、積極的にライバルを見つけて、自分を磨いていきたいものです。

楽観主義者である。

「なんとかなるさ」ではなく「やればできる」

才能ではなく自分の努力を信じる

前の項目でお話ししたアルジェリア出身のFさんですが、彼女の性質として特筆すべきことにもう一つ、「楽観主義である」ということがあります。

ここでいう「楽観主義」は、物事を「なんとかなるさ」と能天気に考えるという意味ではありません。彼女の楽観主義のポイントは、「やればできる」と考えているところ。つまり、自分の力を信じているのです。

これは「自分に特別な力がある」と思い込むことではありません。**「誰にでも、で**

きることをきちんとやれば、絶対に結果が出る」と信じるということです。

誰もが「すごい」と思う成果をあげても、Fさんは、「自分に特別な才能があったからだ」と考えることはありませんでした。そうではなく、「自分がちゃんと準備をしただけ」と考えるのです。

そのように自分の力を信じているFさんは、**自分だけでなく、他の人にも「やればできる」力があることを信じていました**。こうした他者への信頼があると、変にかしこまったり、威張り散らすことがなく、対等に付き合っていけるのです。

「それぞれの人間には立場というものがあるけれど、個々の持つ可能性には基本的には差異がない」と考え、そこに上下の区別をつけることなく、対等に接していくのが彼女の流儀です。この接し方が、職場の中で信頼を生み、結果的にいいチームを作っていける基礎になっていました。またそれが、彼女の人間的な魅力となって輝いていたのです。

楽観主義はチームビルディングに必要な考え方

「やりたいことができるように準備して行動すれば、目標は必ず達成できる」とFさんは考えて、行動しています。

何かを達成するのには時間が必要だということも、自分の体験からわかっているので、仲間の成長を辛抱強く待つことも心がけています。また、時間がかかることがわかっているから、無駄な時間を使ってしまわないように注意するクセもついていきます。結果として横道にそれることなく、目標に向かって最短ルートを設定できるのです。

Fさんは、誰もが「やればできる」と信じているので、誰かと一緒にチームを組んで何かを達成していくことが苦になりません。そして、仲間がやりやすい状態を作る工夫をするのです。こうした協力関係が築けるのも、楽観主義者の際立った特徴といえるでしょう。

それでは、楽観主義の人は、どうして困難に立ち向かうことができるのでしょうか？

また、私たちは、どうすればこのような楽観主義を身につけて、困難に立ち向かえるのでしょうか？

何か新しいことをやるときには必ず、いいことも悪いことも起こるものです。そのとき、**「やればできる」がベースにあると、あったことをそのまま、「現実である」と受け入れることができます**。良い結果を出していくには、現実を受け入れて、それについてどう対処するかを考えることが必要です。時には、非情なまでに現実的になる必要もあるでしょう。

「こんな仕事は私にはできない……」「こんなことは嫌だ」という感情は誰にも起こるものです。でも、楽観主義の人はそういった**好き嫌いという感情に支配されずに、非常に合理的な判断をします**。嫌いだという感情があっても、目標のためにそれが必要なら行動する。ただそれだけなのです。

敵に感謝ができるのも楽観主義者の強み

このような生き方の人は、いつも未来に向かって準備をしているので、目の前にあることに不安を感じることが少なくなります。また、精神状態も安定しています。この**安定した精神状態による余裕が、不測の事態にも対応できる柔軟性を生みます**。こうすることで、「やればできる」という自信がさらに強くなります。誰かをおとしめることなく、目標に向かってぐんぐん進んでいくことができるのです。

「何でも来い！　何か起これば、起こったときに対応する。そのために準備は怠らない」というのが、Ｆさんのスタンスでした。そして、「やればできる」の楽観主義の人ほど、悪い状況だけでなく、面白いことも逃さずキャッチできたりします。

同じような楽観主義者でも、「なんとかなるさ」という安易な考えの人には、こうした芸当は無理な話でしょう。

「やればできる」という信念を持っていた彼女だからこそ、**「敵に感謝する」なんていうアクロバティックなこともできた**のです。敵に心から感謝するなんて、言葉にするのは簡単ですが、やってみると意外にできないものです。

「自分の目標を定めて、現状を具体的に見据えながら、どうやったらそこにたどりつけるか」

心を静かにして、それを分析してみることから始めてみましょう。

どんなに遠く見える目標でも一歩踏み出せば、必ずその目標に一歩近づくのです。

CHAPTER

03

世界の「頭のいい人」の
スケジュールの立て方

やらないことリストを作る。

——制限時間を設けて、やるべきことだけをやる

目標達成のためには期限を設けよう

先ほど、ドイツ人のEさんの話をしました。「ヤーキーズ・ドッドソンの法則」（P92参照）をうまく活用して、自分にプレッシャーをかけて最高のパフォーマンスを発揮していることは、これまで触れた通りです。

彼女の行動には、他にも興味深いことがあります。ここでは、それを紹介したいと思います。

自分にプレッシャーをかけることと関連することかもしれませんが、彼女は**目標**

を達成するまでの制限時間というのを自分で定めていました。すると自動的に「やるべきこと」が明確になります。あとはただその「やるべきこと」をこなしていくだけです。

ただし、ここからが肝心なのですが、**彼女がすごいのは、「やるべきこと」を考えると同時に、「やらないこと」を明確にしていたところにありました**。Eさんが研究者としても医師としても一歩抜きん出て、皆に評価され、優れた成果をあげることができた秘訣は、この「やらないこと」を上手に見つけていくところにあったのです。

研究者の世界の話ではなく、もっと多くの人に身近な題材を例に説明します。

例えば、「TOEICで今年は800点以上を取ろう」という目標を決めたとします。「やるべきこと」は簡単ですよね。必要な教材を集めて勉強することです。

ただ、期限を今年中とすると、何でもかんでもやるというわけにはいきません。

そこで、「やらないこと」を、次に探さないといけないわけです。よくよく考えると当たり前のことなのですが、「やらないこと」まで最初に決める人は、意外と少ないでしょう。

意味があると思うことが無意味である場合も多い

では、どんなことをやめたらいいのでしょうか。

ありがちなのが、新しい参考書や問題集を買い続けること。買っただけで英語ができるようになった気分になってしまうのでしょうか。でも、教材を手元に置いておくだけでは点数は上がりません。つまり、こういう人は「新しい本を買う」のを「やらないこと」が必要です。

また、勉強するときにモチベーションが上がるからといって、勉強仲間を増やすのに精を出す人もいるようです。でも、８００点以上を取るという目標からいえば、無駄が多い行動ともいえます。

目標はあくまで、スコアアップであり、勉強仲間を増やすことではないからです。

仲間が増えたところで、勉強をしないと、当たり前ですが点数は上がりません。

驚くべきことに、満点を取った人など、ハイスコアの人と友だちになると、それだけで自分がハイスコアを取ったように錯覚してしまう人がいるようです。ウソのようですが、これはＴＯＥＩＣに限らず、大学受験などでもよくある話なのです。

ハイスコアの人と知り合いになれば、いい勉強法を教えてもらったり、刺激は受けるでしょうから、これはこれでいいことです。しかし、そのあとに自分で勉強をしないと、まったく意味がないのです。

つまり、こういう人が決めるべき「やらないこと」は、「目標達成にはまったく無意味な人付き合い」となります。

期限が決められた目標を達成するには、**できるだけ「やること」の数を減らすべきです**。それで**余った時間や労力を、「やるべきこと」にまわす必要がある**わけです。

「この問題集さえやれば大丈夫だから、これだけは3回繰り返して、モノにしよう」というやり方が効果的なのです。できる限り単純にするようにしないと、目標達成のための方法を探し続けているだけで、あっという間に一年が終わってしまいます。また、目標達成ができなかったのに、「目標達成のための方法論を調査した」ということに満足してしまっている人も意外に多いようです。実に残念なことです。

挫折するのはやらないことを決めないから

「やらないこと」を決める大切さを、わかっていただくことができたでしょうか。これを決めておかないと、目標達成のために「やること」はどんどん膨れ上がってしまい、1日24時間ではとてもじゃないけど足りなくなってしまいます。それで実現不能な計画を設定してしまい、「こんなの無理だ！」と目標を投げ出すことになります。しまいには、「できる人と私とでは、生まれつきの才能が違うんだ」という、非論理的な結論を導き出すことになってしまうのです。

やろうと思っていたんだけど、挫折してしまって……というのは、怠惰だからできないのではありません。こうして、やることがどんどん増えていってしまった結果、できなくなってしまうということも多いのです。

とはいえ、「やらないこと」をついやろうとしてしまうのも人間の性（さが）。プレッシャーがかかっていると特に、冷静な判断力を失って、自分に無理難題を課してしまうのは、よくあることかもしれません。

そこで、可能であれば、**一日ごとに、「やるべきこと」「やらないこと」のチェックリストを作る**ことをオススメしたいと思います。これを一日の終わりにチェックすることで、「やらないこと」をしないようにする習慣をつけるのです。

ＴＯＥＩＣの勉強でいえば、こんな感じです。

□目標達成の期限を切ったか？
□「やるべきこと」「やらないこと」を決めたか？
□必要のない問題集を買わなかったか？
□無意味な人脈構築に時間を割かなかったか？

また、チェックリストは、だんだん変わっていってもよいのです。前ページの最初の二つの項目は、目標を決めて行動し始めた頃に必要となるものですが、努力している途中ではあまり意味のないことになってしまうでしょう。そうしたら、「『やらないこと』をやっていないか？」に変えていきます。

チェックリストでやらなくていいこともわかる

普通、**チェックリストとは、「何かをするためのもの」だと考えられていますが、実は「何かをしないためのもの」でもあるのです。**

例えば、TOEICの勉強と称して、Facebookで好みの外国人とのチャットに励む人もいます。でもこれは、長文読解や文法事項も問うTOEICの出題傾向からは、大きく外れている英語の勉強にしかならないのです。下心のある（かもしれない）相手とのなんちゃって英語チャットには、ほとんど効果がないことを理解しなければなりません。

チェックリストがあって、そこに「Facebookに時間を割かない」があれば、その時間をTOEICの点数アップで本当に必要な勉強に充てることができます。

目標達成のために何よりするべきこととは、やるべきでないにもかかわらず普段からやってしまっていることを、「削り取る」ことなのです。

「やるべきこと」リスト

●会社
□不在中に受けた電話のコールバック
□緊急を要するメールの返信
□昨日の打ち合わせの結果を上司に報告
□A社に謝罪の手紙を書く
□明日の会議用資料の作成
□顧客リストの整理
□新規顧客への営業の電話
□緊急ではないメールの返信をする
●帰り
□定期券を更新する
□明日の朝食を買う
●家
□今度の土曜日の飲み会に友人を誘う
□企画書作成術のハウツー本を読む

「やらないこと」リスト

●会社
□返信を要さないメールを全部読む
□来週の接待用のお店のリサーチ
□新規顧客への営業を兼ねた挨拶のメール
□机まわりの整理と掃除
●帰り
□DVD レンタルに行って新作のチェック
●家
□実家に電話をする
□録画した番組を観る
□映画情報誌を読む

図2.「やるべきこと」リストと「やらないこと」リストの例。実際にやったことをチェックしたり、今日やらなくてもよかったものを、1日を振り返った際に整理していく。すると、「やるべきこと」リストは次第に、無駄が少ないすっきりしたものに変わっていくはず

自己診断書を作る。

——これまでの努力を書き留め、目標を数値化する

自分のしてきたことを見返すと自信が湧いてくる

前項で「やるべきこと」リストと「やらないこと」リストの話をしました。他にも、このように書き出すことで、成果をあげたりやる気を出したりする方法があります。私の周囲にいる優秀な何人かが実践していたことです。

一つは、「自分の努力の記録」。**そしてもう一つは、「目標を数値化すること」**。以上の二点です。どちらも、ノートなどに自分のことを書き留めることになります。

一つ目の「自分の努力の記録」ですが、**記録するというのはモチベーションを維

持する上でとても重要なポイントです。記録をつけることで自分の努力を可視化でき、やろうと思っていることが長続きするのです。

手帳でもスマートフォンでも紙のカレンダーでも何でもいいので、とにかく努力の記録をつけます。すると、頭がいつも、目標の達成を意識するようになるのです。

目標達成をいつも自分に意識させるというのは、前項のチェックリスト作成と同じ効果を生みます。ただ、やったことの記録をつけておくことは、別のメリットもあります。それは、**あとから努力の痕跡を見返したときに、「自分はこんなにやってきたじゃないか！」となって励みとなります**。すると自信が湧いてきて、挫折を防ぐこともできるのです。

例えば、遅くまで残業して、終電で帰宅した週末の夜に勉強をしたとします。泥のように眠りたい欲求をかろうじてこらえ、もうろうとした頭で半分眠りながら問題集を開いたとします。目が覚めたら朝だった……というようなときでも、なんとか問題集を開いて一問でもやったという記録を残しておけば、自分が頑張った足跡として、後々確認することができます。それが、「自分はこれだけやれたんだ！」という自信につながっていきます。

努力したことを書き留めると冷静に自己分析できる

努力の痕跡を残すことは、本番で結果が出た後の心のケアにも役立ちます。

惜しくも期待していたものからは程遠い結果が出た……、となってしまったとき、あなたはどう感じるでしょうか？　きっと残念な気持ちになり、「努力しても無駄だったんだ」「私には才能なんてないんだ！」と、やけっぱちな気分になるのではないでしょうか。

そんな状態では、周りの人がどれだけ励ましてもなぐさめても、かえって逆効果になってしまうことも。「私には才能なんてないんだ」と思って落ち込んでいるときに、無神経な言葉で励まされることほど悲しいことはありません。また、そうした「いら立つ自分」にも嫌気がさしたりして、二重に悲しくなることもあるかもしれません。

でも、自分がどんな努力をしていたか、どのようなアプローチをして、実際にどれだけの時間を割いていたかを、一つ一つ記録に残しておけば、**どんな結果が出ても、冷静に自分と向き合える**はずです。「意外に、自分のココが改善できる余地があったのではないか」なんていうポイントが、ゴロゴロ出てくることもあります。そして気分も新たに、次のチャレンジができるのです。

これまでの行動を振り返れば目標に向かってブレずに進める

次のチャレンジは、同じ目標でなくともよいのです。例えば、TOEICで800点は取れなかったとしても、「750点までは取れたから、次はフランス語検定を受けてみようかな?」と、別の新しいことに挑戦する。全部、あなたの自由です。

ポイントは、目標を達成できなかった(できないかもしれない)ことで、あなた

の意欲が削がれてしまうことを防ぐというところにあります。

また、「自分はこれだけやった」が見えていないと、他人の続けている努力や、他人が出した成果などが気になって、自分のやるべきことから心が離れてしまうことも起こりがちです。

他人のことが気になり始めたら、記録ノートを見直して、「自分のやっていることは間違いない！」と確認するのです。そうすれば、**目標に向かってブレずに進んでいくことができます。**

言うまでもないことですが、「努力したこと」だけに満足してしまって、目標を忘れてしまうのはもってのほか。あくまでも、新しい自分になるために、記録を取っていくのだという意識が大切です。

数値化することで目標と現状との距離がわかる

二つ目の「目標を数値化すること」ですが、自分にプレッシャーをかけるもとになるものですから、なかなか最初は設定することが困難でしょう。目標数値が高すぎると、ウンザリします。逆にあまり低すぎても、張り合いがありませんので無意味です。

適度な難しさであることが、モチベーションを維持する秘訣です。例えばテレビゲームでも、簡単にクリアできるゲームなんて、いったんクリアしてしまったらつまらなすぎてもう二度とやらないでしょう。また、ゲームがあまりにも難しすぎる場合にも、やる気が起こらないですよね。

自分が「クリアできる」とわかっているラインよりも、ちょっと背伸びしたあたりがちょうどいいでしょう。これを、目標数値を設定するときに「基準」として考えてみてください。

数値化しない目標というのは、達成したかどうかがよくわからないため、取り組みづらいものです。そのうち、何をしたらいいのかわからず、焦りばかりがつのっていくことになります。

「その目標にどれだけ近づいたのか」または「どこが自分にとって難しいポイントなのか」などは、数値を設定しなければ見えてこないことが多いと思います。あくまで数値を設定するのは、「何が何でも数値を達成する」とやっきになることではなく、**目標と現状との差をちゃんと知っておく上で重要**なのです。

目標とは、あなたの人生の質をより良く変えていくための道具です。**最終到達地点ではなく、自己を高めるための起爆剤**と考えたほうがいいと思います。

資格取得マニアのような人も、世の中にはたくさんいます。彼らの中には、資格が欲しいから試験を受けるのではなく、何か一つの目標に向かって走る自分が好きだから、そうしている人も多いと思うのです。

行きすぎはどうかと思いますが、適度な目標は、より楽しく、より質の良い人生を生きるために、大切なことだといえるでしょう。

CHAPTER

04

世界の「頭のいい人」の

自己分析と自己改良

流れ星に願いごとが必ずできる。

――いつも自分の夢について考えている

願いごとを叶えてくれたのは流れ星ではなく自分である

流れ星に願いごとをすると、その願いが叶うのはどうしてか、知っていますか？

もちろん、流れ星が願いを叶えてくれるのではありません。自分がいつもそのことを思い続けているから、願いは叶うのです。

流れ星は、一瞬で流れて消えてしまいますよね。光っている時間は、0.5秒くらいだそうです。何か願いごとを言おうとして、すぐに思いつかずに「えっと……」と考え込んでいたら、あっという間に流れ星は消えてしまいます。

でも、そこでもし、願いごとを言うことができているとしたら、それはいつも自分が「そうなったらいいなあ」と願うことができている証拠。自然と自分がそういう方向に向かっているのです。だから、**流れ星に願いごとが言えた時点で気持ちは本気。夢の実現に、確実に近づいている**わけです。

もう一つ、実感としてわかりやすい例え話をしましょう。砂漠にたった一本立っている看板に、なぜか頻繁に衝突事故が起こることがあるといいます。他には何もない砂漠なのだから、避けて走ることなんて簡単にできそうですよね。それでも、何台も衝突してしまうのだそうです。なぜだと思いますか?

それは、運転手がその看板を見つめ続けてしまうからなのだといいます。車を運転する人はわかると思いますが、車というのは運転手の視線が向いている方向に進んでしまう性質があります。そのために、何もない砂漠で看板に激突してしまうということが起こってしまいます。

看板に激突というのはいい例ではなかったかもしれませんが……、これは、車の運転に限ったことではないのです。私たちの人生も同じことで、**人間は自分の見て**

いる方向にしか進んでいかないのです。

もちろん、その間には走りにくい道もあれば、障害物もあり、さらには道の途切れているところなんかもあると思います。でも、それでもやっぱり、**「その方向に行きたい！」と思っている方向に、何とかして進んでいってしまうのが人間の性質**なのです。

目標達成をずっと考えていると達成のための知恵も湧いてくる

私が受験生だった頃の話をしましょう。東京大学の二次試験では、二日目の午後に理科の試験があります。午後ということはつまり、お昼休みにちょっとだけ最後の勉強をする時間があるのです。ここで私は、ある予備校が全国的に実施していた模擬試験の物理の問題を眺めていました。

そして、試験開始になりました。私は問題用紙をめくり、その瞬間、「え!?」と思いました。さっき見た問題とほとんど同じ問題が出題されていたのです。1点、また1分1秒が合否を左右する難関大学の入試で、これは私が合格するにあたって非常に有利に働いたと思います。

このことを、単純に「中野さんは運がいいんですね」と片付けてしまう人もいるでしょう。でも、そのような捉え方をする人は、いつまで経っても目標にたどりつくことができない人なのではないでしょうか。それどころか、誰かが出す良い結果だけにいつも目が行って、人をうらやむだけの面白くない人生を送ってしまうかもしれません。

ちょっと言いすぎかもしれませんが、この出来事を自分で振り返ると、「運が良かった」というよりも、**「目標を定め、そのことをずっと考えている中で、そのためにどうすればよいかという知恵が生まれた。」**その結果、合格できた」と思うのです。

知恵というのは、例えばこの場合なら模擬試験を受けて情報を収集すること、頻出しそうな問題を選択して試験当日に持っていくこと、試験直前にそれを見返す時間を確保することです。

よく考えてみてください。**これらは、私でなくとも誰にでもできることです。また、運の良し悪しも関係ありません。**

でも、別のことに誘惑されて本来の目標を忘れてしまったり、自分はどうせ合格できないからいいや……という気持ちになってしまったりして、この条件が一つでも欠けてしまったとしたら、どうでしょうか。そうしたら、いくら模擬試験で似た問題が出題されたとしても、それは本番の試験で良い点数を取ることには結びつきません。

正直な気持ちで望むことでないと夢はなかなか実現しない

私はこのとき、合格という一つの目標を心から定めていたので、それに対して、あらゆる準備をするのがまったく苦になりませんでした。試験のための勉強も、目標に一歩一歩近づいていくような実感があって楽しかったです。また、受験仲間との交流や情報交換も、〝戦友〟との絆が深まるような気持ちがして、学生生活が豊かになりました。

まず、本当に自分のやりたいこと、達成したい目標は何なのかを、自分自身に尋ねてみてください。意外と、誰かと比べてとか、奥さんに言われてとか、自分以外のところに理由がある場合が多いんじゃないでしょうか。

自分が心底から望まないことだと、目標に向かって迷わず一直線に進むことはできないと思います。

流れ星が流れてきたときに「これを叶えたい！」と思えるくらい、心から願える目標が見つかれば、ぐっと力が出てきます。また、知恵も湧いてきます。

人間は、本当に自分がやりたいことなら、自然にそれを達成してしまうものなのです。まずは、それを自覚していくことが大切です。

飽きっぽいことを知っている。

――飽きないように、多くの楽しいことを見つける

趣味に手を抜かない人が上司の信頼を獲得している

フランスの研究所時代、組織の中での身の処し方がとてもうまい人がいました。フランス人の同僚のPさんという人です。彼は上司からの信頼が厚く、**優秀な研究員たちが次々に入れ替わっていく研究室の中にあって、この人がいなければという地位を不動のものにしていました。**

Pさんは非常に頭がいいのですが、ただ、ちょっと気まぐれで、研究よりも趣味を優先するようなところもありました。

この研究所は、フランスでもトップレベルの人が集まり、フランス以外の国からも実力のある人たちがやってくるところです。その中で、気まぐれで、しかも力を仕事に集中させるわけでもない彼が、どうやって生き残っているのか、最初は不思議に思ったものでした。

私はPさんをこっそり観察することにしました。多趣味で、そしてその趣味にも手を抜かない彼が、研究を続けていくために、どんな工夫をしていたのかが気になったからです。

Pさんはまさに生粋のパリジャンともいうべき人でした。映画にもグルメにも一家言あり、自分の好みがしっかりとあります。また、絵も上手で、皆の似顔絵を描いたりして楽しませてくれました。皆が集まるパーティでは、かくし芸として場の盛り上がるピアノ曲を難なく弾きこなしてしまいます。さらに、彼の一番の趣味であるタンゴでは、なんと世界大会に出場するというほどの腕前でした。

旅行も大好きで、世界中どこでも行くし、日本にも何度も訪れています。もちろん、日本の女の子も大好き。といっても、特定の女性と付き合うことはなく、どんな女性とでも適度な距離感でお付き合いするのです。

私もPさんにいろいろ教わろうと、面白いバーやパリらしい素敵なカフェ、夜遊びが楽しいクラブなどを案内してもらったりしました。そうして、しばらく彼と遊んだり話したりしている中で、私は、ある一つのことに気がつきました。

一つのことばかりすると脳はすぐに飽きてしまう

Pさんは、研究のついでに趣味をこなしているのではないのです。

彼は、自分自身が気まぐれで飽きっぽいことをよく知っていました。そしてそれを変えようとはせず、自分のその性格を、うまく利用していたのです。飽きたらすぐに別のことに目を向ける。そうして、いつも新鮮で、やる気の盛り上がった最高の状態で、その物事にあたることができるようにしていたのです。それが、Pさんなりの人生の工夫なのでした。

まあ、女性に対してもそれは同じことで、あるガールフレンドに対してちょっと気分が盛り下がったら、別の女の子とデートして、いつも誰かしら女性に対して新鮮でいられる努力をしていたわけですが……。さすがパリジャン！といったところでしょうか。

実は、**脳はすぐ、一つの刺激に対して慣れてしまい、飽きてしまうという性質を持っています**。Pさんは、このことを学者として知っているのと同時に、肌身でよく感じていたのですね。多くの趣味を持つということは、やる気を出すための工夫で、そのための努力を、誰よりも惜しまなかったわけです。

脳は苦しみを嫌い、楽しみを求める傾向を持ち、〝飽きた〟状態を嫌がります。ですので、**飽きている状態でも同じことを続けながら「より楽しむためには、どうしたらいいかな」と思っていると、潜在意識が答えを出してくれます**。

そうやって、新しい楽しみを見つけた気づきは、他人からのどんなほめ言葉よりも嬉しく、快感をもたらすものです。仕事にもやる気が出ますし、継続のモチベーションになります。

そうして楽しそうに仕事をしていれば、その人は職場のムードを明るくします。実際にPさんは「皆のお兄さん」として、仕事内容でも精神面についても、研究所の皆の支えになっていたのです。

上司がPさんを離さないのも、うなずける話ですよね。

「見た目」を大切にする。

―「好感度の高い外見」を心がける

「外見を気にせず中味で勝負」は間違っている

「人は見かけによらない」なんて誰が言い始めたのでしょう？　私は、この言葉は100％ウソだと思っています。

20代の前半、私は見た目のことで随分不快な思いをしたものでした。確かに私は、絶世の美女というわけでもありませんし、仕方ないのかな……とも思いました。しかし、私の周りにいた、そう美人とはいえない人でも、外見で好感を持ってもらえることがあるという事実を目にして、何が違うのだろう？と考え始めました。

私が外見で好感が持たれない理由は、顔立ちとかそういうことではないのだろうと思いました。そこで私が推測したのは、全体的に醸し出す雰囲気が、相手にとって快いものになっていないということ。

私はただでさえ、東京大学の、しかも理系の女子学生であるということから、先入観として相手の脳内に「怖そう」「やり込められそう」「生意気」「スキがない」というようなキーワードが並んでいたはずなのです。

それに加えて、実際に会ったときの雰囲気まで威圧的だったら、相手が私にいい印象を持てないのも当然ですよね。


でも、こんな分析をしてみたところで、最初はどうしたらよいかわかりませんでした。なんとか小ぎれいな格好をするように努力してみたり、メイクを頑張ってみたりもしたのですが、「もしかして、今日、夜のバイトですか?」なんて言われてしまったり……。

外見の印象の悪さで実績は減点されてしまう

「これはなんとかしなくては！」と、私がいよいよ焦り始めたのは、院試（大学院入試）のときのこと。名前を出すことはできませんが、ある有名国立大学で准教授になった年上の知人が、ポロッと院試の面接の裏事情を話してくれたことがあったのです。

「別に皆、研究計画書なんて読んでるわけじゃないんだよね。そもそも、『教授』といったって、自分の分野のこと以外わからないんだし。教授たちは、**受験してくる女の子が美人だったら5（満点のこと）をつける**んだよ。受験生の話なんか聞いてない。僕、びっくりしたよ」と……。

私もびっくりしました。大学院がどこでもそうだとは限りませんけど、この話が、私が外見を真剣に考えるきっかけとなったのは間違いありません。本当に外見だけで合否が決まるかどうかはさて置き、これは、人間評価の心理について、真実の一面を物語る事実であると思ったのです。

運良く院試を突破したとしても、実際に大学院で教授が私の研究を評価するとき、研究内容の良し悪しより見た目で、研究を評価する傾向があるのではないか？と考え始めたのです。そうなると、**外見が与える印象が悪ければ、いくら研究業績をあげてもその努力は割り引かれてしまうことになる**のです。

私は、背もそんなに高くなく、日本人女性の平均的な身長ですし、体重も標準的（健康的ともいう……）で、痩せ型というわけではありません。モデルをしている女性のような、長身でスレンダーな美人になることは不可能です。また、顔立ちも特に際立った部分がないので、人気女優のような絶世の美女を目指すというのも無理のある話です。

そのような条件でも、「なんとか感じ良くするにはどうすればよいか」ということを、私は必死に考え始めました。しかしそこで、小ぎれいにしておきたい気持ちのあまり「夜遊びに行くんですか？」なんて聞かれるようなことがあってはなりません。まして、院試の面接会場にそんな学生が来たら、教授たちは間違いなくその学生を落とすでしょう。

相手の求める人物像を目指すことが第一歩

私ははじめに、**教授たちが求める学生像について考えました**。教授はどんな学生に来てほしいと思っているか、についてです。もちろん、学生には賢いことを求めているでしょう。また、教授の言うことを素直によく聞くこと。そして恐らく、努力家であること、信頼関係を持てそうな人間であることも大切なポイントでしょう。

このように考えたとき、高価で派手な衣服や靴、ブランド物は逆効果であると私は思いました。できるだけ、清楚で、賢そうであるという印象を持ってもらうために、なるべくシンプルで清潔感のある服装や髪型を心がけ、メイクもごくひかえめにしました。

また、私が受験したのは理系の大学院です。実験を頻繁に行う研究室では、特に爪を伸ばしていることが嫌われますから、爪はきれいに切って、マニキュアなどはひかえました。

院試は無事に突破することができました。試験には筆記試験もありましたから、見た目だけで合格というわけではなかったでしょう。でも、先生方に与える印象は悪くないようだという感触、またそのことによる安心感や自信のようなものが試験当日にはありました。それで、面接試験で落ち着いて話すこともできたのだと思っています。

とはいえ、私は気を抜くと、こうした清潔感のあるスタイルを忘れてしまい、ほとんど別人のようになってしまうことも、しょっちゅうありました。「オンとオフの差が激しいね」と、友だちに言われることもしばしばです。場面によってあまりにも雰囲気が違ったせいか、何度か会ったことのある知人なのに、「よろしくお願いします」と、名刺を渡されたことも……。

しかし裏を返せば、**服装、髪型、メイクなどを変えるだけで、まったく違う人の**

ようになれるということでもあるのです。

実力が同じだったら外見が良いほうが勝ち

「光背（ハロー）効果」という心理効果があるのを知っていますか？　**外見や経歴が、性格などの内面的な要素と直接の関係があるわけではないのに、その人の評価に意外なほど影響を与えてしまう**という心理効果です。「見た目が良いだけで、性格が良い、あるいは頭がいいと思われる」「学歴がきちんとしているだけで、人間性がきちんとしている印象を与える」などです。

さらに、アメリカの心理学者のレオナルド・ビックマンは、「身なりの違いがどのような反応の違いを生むか」に関する興味深い実験結果を報告しています。

まず、電話ボックス内のよく見える位置に、10セントコインを置いておきます。

そして、誰かがボックスに入ってしばらくした後に、「10セントコインが置いてなかったか？」と尋ねるのです。

これに対して、ちゃんとした受け答えをしてコインを渡してくれた人の割合は、こちらの服装がきちんとしたものであった場合は8割弱。これに対して、汚らしい身なりであった場合は3割強と、大きな差が見られたのです。つまり、外見がだらしないと思われると、ナメた態度をとられやすくなるのです。

いかがでしょうか？　**人は他人を評価するとき、こんなにも見た目を重視しているのです。**「私は実力で勝負するから、見た目は関係ないの」と考えているあなたも、**同じ実力の人間がいたら、見た目が少しでも良いほうが得**なのです。

何も、整形手術を勧めているわけではありませんし、絶世の美女や超イケメンになる必要はないのです。ほんの少しでいいので、自分がなるべく良く見える髪型や、服装を研究してみてください。また、自分ができるだけ魅力的に見える顔も、練習してみてください。できれば笑顔がいいと思います。

そこに注意してみるだけで、印象をかなり変えることができます。そして徐々に、周りの人が好感を持って接してくれることも、実感できるのではないかと思います。

強気のふりをする。

――自己イメージが自分を作る

他人の評価より自分の評価のほうに強く影響を受ける

人間というのは、誰か他人が評価するよりもずっと、自分で自分のことを常に評価し続けています。そのような機能が、脳（前頭葉・内側前頭前野）にあることが知られているくらいです。なので、他人の言葉よりも、自分の思い込みのほうが、コンプレックスを強くしているのです。

例えば、太っていることを気にしている人に向かって「デブ！」と言うと、その人は傷ついてしまいます。太っていることを気にしていれば気にしているほど、その人は、深く傷ついてしまうでしょう。

客観的に見て特に太っている体型ではない人でも、普段から自分が太っていると思い込んでいる人だったら、「痩せなきゃ……」という思いに駆られてしまうことも多いのです。ダイエットに必死な人だったりしたら、悲しすぎてどん底まで落ち込んでしまうかもしれません。


しかし、もしその人が、体型についてまったくコンプレックスを持っていなかったとしたら、どうでしょうか。むしろ、自分が太っていることを気に入っていて、それをウリにしているとしたら。

その人は、いきなり「デブ！」と言われたことで、ちょっとびっくりするかもしれませんが、それによって心が傷つくことはないでしょう。むしろ逆に、「なあに？　いきなり（笑）」と、笑い出してしまうくらいの心の余裕があるかもしれません。

人間は自己イメージに該当するものしか受け入れない

この例が示しているように、心が傷ついてしまうときには、誰かの言葉そのものが、その人の心を傷つけるのではないのです。自分自身が持っているネガティブな自己評価を、誰かの言葉が後押しし、その言葉に同意をしてしまったときに、人は傷つくのです。つまり、**その言葉を肯定することで、自分で自分を傷つけてしまいます。**

ですが、**人間は無意識に「誰かが何かを言ったとしても、自分自身が持っている『自己イメージ』に合致することにしか同意しない」という性質を持ってもいます。**
その性質をうまく利用すれば、自分自身に対するネガティブな自己評価をなくしていくことで、誰かが何かを言ったとしても、ちょっとやそっとのことでは傷つかない器の大きい自分になれる、ということになります。

そこで私は、**自分の長所を常に意識するようにし、短所にはいったん目をつぶるようにしました。**

すると、短所を指摘されたとしても冷静に処理することができるのです。その指摘が、自分にプラスになりそうな内容だったら、感情に左右されないようにしながら取り入れることも必要かもしれません。自分一人ではなかなか気づくことができない自分を改善できるポイントに、気づかせてもらう絶好のチャンスだと思いながら、なるべく前向きな気持ちを保つようにしましょう。

言われると傷つきそうなことには、鈍感になったり忘れたりするように心がけます。そして、長所を指摘された場合には、素直に喜びます。

しかし「自分自身に対するネガティブな評価をなくそう」というのは、口で言うのは簡単ですが、実際にやってみるのは難しいもの。自分自身のイメージは、長い年月で形づくられてきたものなので、簡単にはひっくり返すことができません。

一説によれば、人間は成人するまでの間に、14万8千回もの、否定的な言葉を聞かされて育ってくるのだそうです。 計算してみると、一日平均20回、自分自身に対する否定を聞かされていることになるのですが、そんなにメチャクチャな数字ではなさそうです。それにしても、こんなにも多くの回数、否定的な見方に慣らされてきたら、よほど意識していない限り、ちょっと気を抜けばすぐに、自己否定の考え方に染まってしまいそうですよね。

こうした否定的な自己イメージはいったんできあがってしまうと、それ自体がもう変えようのない実体を持って認知されてしまいます。

心が折れない人になりたければ強気のふりをする

以前に、コムデギャルソンの創始者である川久保玲さんが、インタビューでこんなことをおっしゃっていたのが印象的でした。

「本当は私だってそんなに強くはないですよ。**ただ、強気のふりも時には必要です。ふりでいいのです。そうしないと前に進めないから。**『大変だな、どうしよう』としょんぼりしているだけでは、何も変わらない。私も毎シーズン、自分の発表した作品が不十分だったのではないかと一度は落ち込んで、それからなんとか立ち直ったつもりになるのです」

「鉄の女」と呼ばれた川久保さんですら、そうなのです。常に先進的なファッションで世界的なブームを巻き起こし、成功を収めている川久保さんですら「強気のふり」も時には必要だというのです。ファッション業界の方がこのようにおっしゃるのが面白いところですが、本質をわかっていらっしゃるのだなあと感じました。

この川久保玲さんのエピソードから、**強気のふりをすることが、心を折れなくする一つの方法になる**と思います。

これには、「強気のふり」をすることで、自分の目を欺くという効果があります。本当は心が折れそうだけど、そこで強気の自分を無理やり演じきることで、「私って実は、意外と強いじゃん！」と自分に思わせてあげることができます。他人ばかりでなく、**自分自身も、自分を「見た目」で評価している**のですから。

もうおわかりでしょうか。**ネガティブな自己イメージを払拭しようと思ったら、まず、「見た目」を自分の理想に近づけてみることが、手っ取り早い方法**なのです。

食べ物で脳をチューンナップ。

——脳に良い食材をとり、良くない食材をひかえる

魚を食べることでうつ病になりにくくなる

ここでは趣向を変えて、少し違う話をしたいと思います。食べ物や栄養素と脳の関係について、触れてみましょう。

脳に良い食材について、巷でいろいろなことが言われています。この問題についての研究も少なくありません。でも、すべての言説を信じるなら、だいたい全部の食品を網羅して、満遍なく食べていればいいのかという結論になり、カロリーの摂りすぎにもなりかねません。一体どれが本当のことで、どれがまゆつばなのでしょう？　判断に迷ってしまうこともあると思います。

ビタミン、ミネラル、脂質、糖質、たんぱく質など、ヒトは多くの栄養を必要とします。この中で、脳機能を向上させる効果があると多くの人が指摘しているのは、「オメガ3脂肪酸（不飽和脂肪酸）」です。

このオメガ3脂肪酸とは、ドコサヘキサエン酸（DHA）や、エイコサペンタエン酸（EPA）など特定の構造を持つ脂肪酸の総称で、魚油などに多く含まれます。

アメリカ国立衛生研究所のヒベルン博士は**「魚を食べる量が多いとうつ病になりにくい」「魚を食べる量が少ないとうつ病になりやすい」**という論文を発表しています。魚をあまり食べないドイツやカナダではうつ病にかかる率が高い一方で、日本のように日常的に魚を食べる国ではうつ病率はこれらの国々より低いとのこと。

ただこの話は、議論の盛んな研究領域に入っているので、今後の調査や研究にも注目していく必要があります。

また、**DHAには、うつに関する効果以外にも、記憶・認知能力の改善効果があ**

るという報告がされており、専門家が注目している物質でもあります。

脳の完成度は食べ物に確実に影響される

学術誌『ネイチャー・レビュー・ニューロサイエンス』の２００８年７月号に、カリフォルニア大学ロサンゼルス校（ＵＣＬＡ）のゴメス＝ピニルラ博士が執筆した「ブレインフード（脳の食物）」というタイトルの記事が発表されています。これは、「食物からの栄養が、どのように脳機能に影響を与えるか」に関する知見をまとめ、分析している記事です。

ＤＨＡ以外に脳に影響を与えそうな食物についてはゴメス＝ピニルラ博士がリストを作成しているので、毎日の食生活を、これに照らして見直してみるのもよいかもしれません（次ページ参照）。ただ、（４）番のように、脳に良くない影響を与えるものもリストには含まれていますから、注意して読んでくださいね。

食物からの栄養が脳機能に与える影響

(1) オメガ3脂肪酸（DHAなど）
・ヒト：高齢者の認知機能低下の改善、気分障害の治療 ・動物実験：脳損傷による認知機能低下の改善、アルツハイマー病モデル動物で認知機能低下の改善
(2) クルクミン（ウコンのスパイス成分）
・動物実験：脳損傷による認知機能低下の改善、アルツハイマー病モデル動物で認知機能低下の改善
(3) フラボノイド（ココア、緑茶、銀杏の樹、柑橘類、ワインに含まれる）
・ヒト：高齢者の認知機能の向上 ・動物実験：運動と組み合わせることで認知機能の増強
(4) 飽和脂肪（バター、ラード、ヤシ油、綿実油、クリーム、チーズ、肉に多い）
・ヒト：高齢者の認知機能低下を促進 ・動物実験：脳損傷による認知障害を増悪、加齢による認知機能低下を促進
(5) ビタミンB類
・ヒト：ビタミンB_6、B_{12}や葉酸の補充によって、広範な年齢の女性で記憶力が向上 ・動物実験：コリン欠乏による認知機能低下をビタミンB_{12}が改善

(6) ビタミンD（魚の肝、キノコ、牛乳、豆乳、シリアル食品）
・ヒト：高齢者の認知機能に重要
(7) ビタミンE（アスパラガス、アボカド、豆類、オリーブ、ホウレンソウ）
・ヒト：加齢による認知力低下を鈍化 ・動物実験：脳損傷による認知機能低下を改善
(8) その他のビタミン
・ヒト：抗酸化作用のあるビタミンA、C、Eは高齢者の認知機能低下を遅延
(9) コリン（卵黄、大豆、牛肉、鶏肉、レタス）
・ヒト：欠乏すると認知機能が低下 ・動物実験：けいれん発作による記憶力低下を抑制
(10) カルシウム（牛乳）、亜鉛（カキ、豆類、穀物）、セレン（豆類、シリアル食品、肉、魚、タマゴ）
・ヒト：血清中のカルシウムが、加齢による認知機能低下を鎮静。亜鉛は加齢による認知力低下を鈍化。長期にわたるセレン不足は認知機能低下に関係する
(11) 鉄（赤身肉、魚、家禽、豆類）
・ヒト：若い女性の認知機能を改善

※「Nature Review Neuroscience 9:568-578,2008」より抜粋

このリスト以外にも、多くの栄養素について実験が行われています。また、このリストにあるからといって、この通りの影響が出るということが、100%確実なわけではありません。

大切なことは、自分の脳の状態が、気合いや精神力だけでは決まらないということ。**脳の健康状態は食べる物から影響を受けるということを、きちんと知っておいてほしいのです。**脳だってあなたの身体の一部なのですから。

CHAPTER

05

世界の「頭のいい人」に近づくために

集中力を身につけない。

「集中しなきゃ」ではなく、集中できる状態を作る

環境を整えることで集中力は自ずと湧いてくる

集中力とひと口に言っても、個人差が大きいもの。自分は飽きっぽいから、集中力なんて身につかない……。そんな風に思っている人もいるかもしれません。でも、もしあなたがそう思っていたとしたら、非常にもったいないことです。

「自分はいろいろなことに目移りしがちなので、一つのことに集中するのが難しいんです」という人は、まず**「集中力を身につける」という発想を捨ててほしい**と思います。

本来、脳というものは、集中できる環境を作ってやると、勝手にそのことに集中してしまうようにできています。**「集中力をつける」ための意味のなさそうな努力を一生懸命するよりも、脳が集中しやすい環境作りをすることのほうが、ずっと簡単で効果的**なのです。

私自身、かなり目移りしがちな性格です。自分でもそう思いますし、友人たちに聞いても口を揃えてそう言います。かといって、物事に集中できないかというと、そうでもありません。読書でもゲームでも、一つのことを始めてしまうと、周りで誰かが何かを言っていてもまったく耳に入らないような状態を作ることができます。

高校時代の思い出ですが、私が勉強に熱中するあまり、母が心配して「あんまり勉強すると頭がおかしくなるからやめなさい」と怒られてしまったこともありました……。でもこれは、私に**「集中力がある」からではなく、集中するためのお膳立てがうまくいっていた**ということにほかなりません。

それでは、集中しやすい環境を整えるには、どうすればいいのでしょうか？

人の脳は、雑音や騒音があると、そちらに注意が向いてしまい、集中すべきことに集中できなくなってしまいます。音楽やテレビの音、人の話し声などがそうです。集中している状態が続いているときには、これらの音は気にならなくなります。

聴覚や視覚を刺激するものを遮断することが大事

そこでまず、集中するための一つ目の方法を紹介します。仕事や勉強を始めようというときには、**人間の注意を惹きがちな音楽やテレビなどは消してしまいましょう**。できるだけ、注意を向ける音が少ない環境で始めるようにします。

誰かが何かしら話しているようなオフィスや喫茶店で、作業に集中しないといけない場合は、相手に失礼にならない範囲で耳栓を使ってみるのもいいでしょう。

耳から入る刺激ばかりではなく、**目から入る刺激も気になる人は、作業を妨げない程度のレンズの色が薄いサングラスや、色付き眼鏡をかけてみるのも悪くない方**

法です。これは、注意が外界に向きがちになるのを抑えてくれるでしょう。

集中する二つ目の方法は、**途中で邪魔が入らないようにする**こと。

例えば、パソコンで仕事をする場合、資料をまとめたり、気を遣う相手へメールを書いたりするのは、とても集中力を要する仕事です。なるべく前もって、邪魔になりそうな要素を排除しておきたいものです。

恐らく一番の邪魔になるものは、メールやSNS経由のメッセージでしょう。これらに邪魔されると、そのメールやメッセージを処理するのに1分程度で済んだとしても、頭をもとの集中状態に戻すのに30分以上かかることもあります。

「朝と晩の2回など、メールをチェックする時間帯をあらかじめ決めておいて、それ以外の時間はチェックしない」など、自分でルールを設定しておくといいと思います。

快適にすればするほど集中力は高まる

電話もメールと同じように、集中している状態を邪魔するものの一つです。可能なら、留守電か、マナーモードに設定しておくのがいいと思います。私は、集中して仕事に取り組んでいるときは、基本的には電話に出ないようにしています。

さらに、仕事や勉強に取り組む上では、**「快適さ」ということも大切な要素**です。座りにくい椅子、寒すぎたり暑すぎたりする部屋、窮屈な衣服などは、長時間の作業には向きませんよね。私は、そういう状態をできるだけなくしておくようにします。部屋は適温にして、椅子に座るときも負担が大きくならない姿勢を保てるようにし、着慣れた服で作業します。

快適さに関連したこととして、私は香りの良いものも使っています。私は香水を集めているのですが、作業の間は良い香りを身につけておくのです。身の回りを良い香りにしておくと、適度にリラックスした良い状態で、作業が続けられるのです。

一説によれば、勉強や仕事には、柑橘系の香りが良いといわれているようです。

でも、**集中するための道具として香りを使いたい場合は、あなたの一番好きな香りを選ぶのがベスト**ではないでしょうか。「より快適に作業ができそうな香り」は、あなた自身が一番よく知っているでしょうから。

身近な目標を作る。

──すぐ実現できる目標が、怠けグセのある脳を活性化

三日坊主を引き起こす原因を知っておこう

「目標を決めたとしても、いつも三日坊主で終わっちゃうし、どうも続かないんだよね……」なんていう人も、多いのではないでしょうか。

よくあるのが、ダイエット。スタイルのいいタレントさんや、中年になってもお腹の出ていない格好いい友人を見たりして、「よし、ダイエットしよう！」なんて、ダイエットグッズを買ってきたはいいものの、やる気がだんだんなくなって、いつの間にか断念。「いつも三日坊主で終わるんだから！　ケッケッケ」なんて、家族やパートナーにバカにされたり……。

目標達成を妨げてしまう気持ちの動きには、いくつかのパターンがあります。私の経験をもとに、ダイエットや勉強を例として、主な二つを挙げてみます。

一つ目は、久々に会った友だちや元恋人に「太った？」と言われたことがショックで、ダイエットを決意する、なんていう場合です。普段会わない友だちや、元恋人の言うことであることに、要注意。今のパートナーが特に何も言わない場合も多いでしょうから、時間が経つにつれて、ショックだった気持ちも薄らいでしまいます。こうして、ダイエットしようという決意を忘れてしまうわけです。

これが勉強だったとしたら、普段会わない人に「そんなことも知らないの？」なんて言われて、ショックを受けて勉強を始めるパターンですね。その刺激がなくなると、勉強をするモチベーションもやがて下がってしまいます。

つまりこれらは、**一時的な強い気持ちだけが動機になっている場合**ですね。

二つ目は、ダイエット中に、誘惑に負けてしまったり、付き合いでどうしても仕方なく高カロリーの食事をしてしまうこと。この時点で、「もう、どうでもいいや！」という気分になってしまい、そこでダイエットを中止するわけです。ある程度まではせっかく頑張ってきたのに、これでは今までの努力が水の泡ですよね……。

勉強に置き換えれば、試験に失敗してしまって、そこで努力を投げ出してしまうということになるでしょうか。一度試験に失敗しようがなんだろうが、そこまで勉強してきたことは積み上がっているのですから、それを活かさないで眠らせてしまうのはもったいない話です。

いずれも、**途中で遭遇した外的な要因に左右される**という状況でしょうか。

目標が遠すぎると人間はやる気を継続できない

それでは、どうすればこのような失敗パターンを回避できるのでしょうか？

逆説的ですが、ダイエットをしているならまず、「痩せる」を忘れることです。

その代わり、「毎日体重計に乗る」ようにします。

また、受験勉強だったとしたら、「合格する」をいったん忘れて、少しでも「偏差値を上げる」を意識するのです。

これは、目標を常に心に描くということと矛盾するように思えるかもしれません。でも、これが大切なのです。

「痩せる」も「合格する」も、常に心に描くには遠くて抽象的すぎる目標。だから、長続きしにくいのです。

そこで、**イメージしやすい身近な目標を、代わりに設定してやる必要がある**のです。人間の脳は、とてもエネルギーを使うので、すぐ怠けようとしますから。

このとき、イメージしにくい目標だと、挫折しやすいのです。ダイエットだと「体重計に乗る」「ちょっとでも体重を減らす」、受験勉強だと「偏差値を上げる」が、イメージしやすい身近な目標となります。

昔聞いた話ですが、大手予備校が行う模試で全国一位を取り続けているのに、肝心の大学には合格しない人がいたそうです。この人はもしかしたら「合格すること」よりも、「偏差値を上げること」のほうが楽しくなってしまったのかもしれません。合格できなければ本末転倒でしょうが……。それはさておいても、日々の努力ですぐに結果が出ることには、かなりの中毒性があるということの典型だと感じられます。

このように、受験勉強やダイエットを成功させるためには、努力がすぐに結果として見られるようにする工夫が必要です。**結果がどんどん出れば楽しくなって、中毒になるほどハマってしまいますから。**

予定通りにいかなくても次の日から再開すればOK

以上を踏まえて、ダイエットの目標を「痩せる」ではなく、「毎日体重計に乗る」にしてみると、どうなるかを想像してみてください。

目標が「痩せる」では、日に日に決意が薄らいでいきます。でも、「毎日、体重計に乗る」だったら、難しくもなんともないことですよね。誰に言われなくとも、無理なく自分で続けられます。そうすると今の自分の体重がどれだけなのかわかります。

そして、その体重がちょっと多いなと思ったら、「走ってみようかな」とか「食べる量をセーブしよう」という対処ができます。こうした工夫が、無理なく目標を達成するための秘訣なのです。


とはいえ、毎日が予想通りにいくとは限りません。社会人なら残業や飲み会、受験生なら部活動の試合や合宿などがあると、いつも通りの習慣が実行できません。でも、途中で体重計に乗れなかったり、決めただけの勉強ができない日があったとしても、そのことは、あまり気にしないようにしましょう。

また次の日から、ダイエットも勉強も続けていけばいいのですから。こういう**気持ちの前向きな切り替えも、長続きさせるには大事な工夫**ですよ。

脳内に検索タグをつける。

――記憶力がいいとは、上手に思い出せることを指す

見たものを瞬間的に記憶する「写真的記憶」

「一度見たものはそのまま覚えていられれて、いつでもその記憶を引き出せて、いつまでもその記憶を忘れない」なんていうことができたら、便利だなと思う人も多いことでしょう。最近は「記憶法」に関する本もたくさん出ていますし、メディアにも取り上げられることが多くなってきました。この本を手に取られるような方は、一度は、何かしら試したことがあるのではないかな?と思います。

でも、一見簡単なように見える記憶法でも、やってみるとうまくいかなかったり、訓練しようとしてもなかなか続かなかったりするものですよね。

妙な話に聞こえるかもしれませんが、私自身は、実はこの逆のことを真剣に考えたことがあります。「一度見たものを上手に忘れることができて、その記憶を適度に曖昧にぼかすことができ、自然な感じでその記憶を消してしまえる」なんていうことができたら、便利だなあと思っていました。

つまり私は、**一度見てしまったものを、うまく忘れることができなかったのです。**今は処理が上手になり、必要でない情報や覚えていると精神的に苦痛な情報などは、人並みにうまく忘れることができるようになりました。

いい思い出は残したいけれど、嫌な思い出は残したくないものですよね。このことで私は、しばらく悩んでいたことがありました。何でもかんでも記憶できるのが、決していいこととは限らないのです。

私のような記憶の仕方は、見たものをそのまま写真に撮って収めておくようなものので、「写真的記憶」とても名づけることができるでしょう。一見するとこの写真的記憶は、生まれつきの素質が必要なものと思われるかもしれません。

東大の同窓生やMENSAの仲間には、私のようなタイプの記憶力を持った人が何人かいました。例えば、図鑑をぱらぱらめくったり、化学の周期律表を眺めたりするだけで、そのまま覚えられるというような特徴を持っていました。森瑤子さんも小説の中で、ご自身の経験をもとにしたと思われるこの独特の記憶の仕方を「マイクロフィルムに撮っておく」と表現していますが、まさにそのような感じです。

人間の記憶容量は140テラビット以上!?

ただ、こうしたマイクロフィルム的記憶を論理的にまとめるのが、私のようなタイプの人間はどうも苦手なようです。私は今でも、その練習をしている最中です。

この写真的記憶ですが、脳にハードディスクのような領域があって、見たものをそのまま画像として保存するという言い方もできるかもしれません。必要なときにはその画像を取り出して、それを参照しながら「アメリカ独立宣言は1776年、ナポレオンの皇帝即位は１８０４年」などと答えるのです。

人間の脳の容量については様々なことがいわれていますが、現在は、**１４０テラビット以上はあるのではないかと考えられています**。

私たちの脳の中では、神経細胞一つ一つが、コンピュータにおける「素子」のようなものとして働いています。コンピュータと人間にはいろいろな違いがありますが、この素子同士が、シナプスと呼ばれる神経細胞間の伝達部を介して結合することによって、演算が行われます。

ここでは、「シナプスの数＝記憶容量」として、人間の脳の記憶容量を計算してみることにしましょう。

人間の大脳皮質には約１・４×10^{10}（１４０億）個の神経細胞があるといわれています。また、神経細胞一つにつき、シナプスは平均で10の４乗（１万）個あるとされていますから、

$1.4\times10^{10}\times10^{4}=1.4\times10^{14}=140$テラビット

1バイトは8ビットなので

140÷8 = 17.5テラバイト

となります。

ただ、人間の脳内で記憶が行われるのは大脳皮質だけではありません。なので脳全体の能力は、140テラビットよりもはるかに大きな容量になると考えたほうが良さそうです。

必要なときに必要なものを取り出せないと意味がない

こう考えると、写真のように見たものをそのまま記憶しておく際に、容量には特に問題がなさそうな感じがしてきませんか。実は、**記憶力に自信がないという人でも、自分で意識できないだけで、見たものは実際には記憶の中に意外と入っているもの**なのです。

問題は、必要なときに、必要な「写真」を取り出せるかどうかです。

パソコンのデータベースの中にいくら膨大な情報が入っていたとしても、それをうまく利用することができなければ、貴重な情報であるはずのデータも、ただ容量を食うだけのゴミデータにしかすぎませんね。

では、**どうすればうまく利用できるのかというと、情報に「検索タグ」をつけておくという工夫をすることが大事**です。私や東大の同級生たちは、これをあまり意識せずにやることができていたのでしょう。

でも、生まれつきそんな能力を持っていなかったとしても、残念に思うことはありません。ちょっと気をつけていくだけで、自分に入力されていく情報に「検索タグ」をつけることは、さほど苦もなくできるようになります。

慣れないうちはちょっと違和感があるかもしれませんが、新しい靴でもいつも履いていれば徐々にこなれてくるのと似て、こうした習慣は案外すぐに、意識しないでもできるようになるものです。覚えるには、思い入れのある物や好きな花がある風景など、わかりやすいもののほうが「検索タグ」をつけやすいと思います。

検索タグを使いこなすのが思い出すのに有効となる

認知心理学では、無意味な単語を15秒ほど眺めて思い出すというテストを行うと、思い出せる文字（単語ではありません）が平均10文字程度であるという結果が出ています。**無意味なものを短時間で覚えるというのは、なかなか難しい**ことなのです。

それを、うまく写真的イメージにして後から取り出せるようにしようというのが、この「検索タグ」の工夫です。例えば、覚えたいもの（外国語の単語、漢字、年表、難しい専門用語など）を書き出して、目で見て覚えやすいような配置にしておく。そして必ず目につく場所に貼り付ける。これだけで、思い出すときに「ああ、トイレに貼ったあの紙の、この位置にあった単語だ」などと、タグ付けすることができるでしょう。

また、別の種類のタグをつけるのも有効です。**これまでに自分の覚えたもの（タ**

グ）同士を結びつけるのです。

人の名前を覚えるときに、これを実践している人は多いのではないかと思います。その人の名前の特徴と、その人自身の見た目や性格の特徴を結びつけるという行為です。例えば「フォンテーヌさん」だったら（フォンテーヌは「泉」という意味）、その人が「いつもうるうるした瞳なので、泉という名前だ」という感じの覚え方です。

同じようなキーワードを持つものは同時に記憶しやすく、また思い出しやすいといわれています。このように、すでに記憶していてイメージしやすいものを使いながら、覚えにくいものを覚える方法は、「忘れにくい＝すぐに思い出すことができる」という点でとても効果的です。

しかし、一つ弱点があります。イメージするものが広い範囲のものに適用できるようなもの（例えば、白い、甘い）であった場合、違うものを思い出してしまうことがあります。なので検索タグは、できるだけその特徴を適確に表現するものを使いたいところです。

五感を総動員させる。

働かせる感覚器官が増えれば、記憶も強化される

覚え、貯蔵し、出力するのが記憶の流れ

記憶には「記銘」「保持」「想起」の3つのプロセスがあります。「記銘」とは覚えること、「保持」とは記憶を貯蔵しておくこと、「想起」とは貯蔵してある記憶を必要なときに取り出すことです。

また、視覚、聴覚、触覚、味覚、嗅覚で司られる**五感をいかに活性化させるかが、記憶に影響します。**その記憶が長期間覚えられるか、すぐに忘却するかが分かれてしまうのです。

「記銘」の段階で注意を向けられなかった情報は、長期記憶になることなく消えてしまうといわれています。電話番号、歴史の年号、数学の公式など、無味乾燥な暗記を伴うような数字や文字が並んだものなどがそれにあたります。

人間は五感を介して脳に情報を送り、記憶や学習、判断などの処理をしています。長期間しっかり覚えるには、五感を働かせるのも一種の手段なのです。五感を働かせて記憶する場合、**働かせる感覚器官が多ければ多いほど、記憶は強化されやすく、長期間にわたって残りやすいとされています。**

つまりこれは、もともと意味を持たない情報に「注意」を向けることになるので、記憶が長期記憶として保存されやすくなるということなのです。

また、「忘れっぽくて困る」「記憶力に自信がなくて」なんていう人は、実は、「記銘」や「保持」に問題がないのに、「想起」するところでうまくいっていないだけだったりします。

「一回授業でやったんだけど、よく覚えてない」「あの人は会ったことあるんだけど、名前が思い出せない」なんていうときには、この「想起」のプロセスに弱点があると考えられます。

この場合も、**五感をうまく使って覚えることで、記憶にタグづけがされるため、うまく想起されやすい形で記憶を保存することができる**ようになります。

無理のない範囲で五感の中で使えるものを活用する

例えば本の内容を暗記する場合、視覚を使うだけの黙読よりも、視覚と聴覚を働かせて音読するほうが、より記憶は確かなものになるでしょう。また、本の内容を音読しながら手を使って紙に写すほうが、もう一つの感覚を働かせている分、より記憶を鮮明なものにできるはずです。

珍しい花を写真だけで見るよりも、実際に見て、花びらの感触を確かめてみたり、花の香りを嗅いでみたりしたほうが、より鮮やかな記憶として残るというわけです。

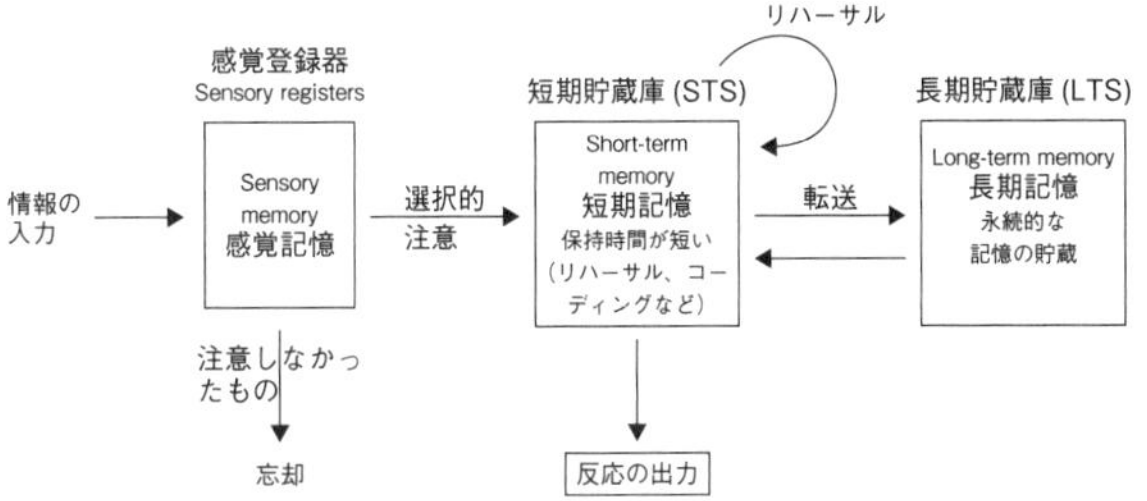

図3．記憶の二重貯蔵モデル（多重構造モデル）dual storage model(Atkinson and Shiffrin,1971)

受験勉強でももちろん、五感を活用するのは有効です。音読や書いてみるなどの方法はさほど苦労なく、すぐにできると思いますから、ぜひ、やってみてほしいと思います。

ただ、毎回のように五感をフル活用するのは、面倒で疲れるかもしれません。あくまで、できる範囲ということで、可能な場合に活用する程度でいいと思います。

よく寝る。

――覚えたらすぐに寝て、起きたらまた覚えるを繰り返す

一夜漬けは効率の悪い勉強法

私は、大事なテストの前日はあまり遅くまで勉強せず、しっかり睡眠をとるようにしていました。今でも、大事な試験などがある前日には、可能な限り休息をとるようにしています。

私とは逆に、試験の前日に徹夜などをして、集中的に勉強する人もたくさんいます。話を聞いていると、どうもこちらのやり方をする人のほうが、私のように寝るタイプよりも圧倒的に多いのかもしれません。

「一夜漬け」といわれますが、その名の通り、このやり方ではそんなにしっかりとは「漬からない」ものなのです。**せっかく徹夜までして頑張るのに、これは脳の仕組みから見るととても残念な勉強法です。**

試験でいい点数を取りたいと考えている人にとっては、「眠るのがもったいない」ということになるのかもしれません。でも、こうした覚え方をした記憶がちゃんと試験の場で活かせるかというと、実は非常に効率が悪いのです。「一夜漬け」の経験者はきっと実感しているでしょうけれど、意外と肝心のところで思い出せなかったりするものだろうと思います。

覚えたらすぐ寝たほうが記憶の定着が高まる

アメリカの心理学者の実験で、学習後にすぐ眠った場合と起きていた場合とで、忘却率の比較をしたものがあります（P195図4）。上の線が、睡眠をとった場合の記憶の保持率、下の線が、睡眠をとらなかった場合の記憶の保持率です。眠ると眠らないとでは、こんなに大きな違いが出てしまうのです。

学習直後に睡眠をとった場合、最初の2時間でほぼ半分忘れますが、それ以降はさらに忘れることはほとんどありません。一方で睡眠をとらずに起きていた場合は、最初の2時間で記憶量は3割程度まで減少し、8時間経つと1割程度まで落ち込んでしまいます。

つまり、**覚えた直後に眠ったほうが記憶の保持には良いということが明らかになった**わけです。「テスト前にはちゃんと寝よう」という私の習慣が、これで科学的に裏づけされた形といえるでしょうか？

睡眠中に忘れにくいというのは、他の情報が脳にあまり入ってこないので、記憶の妨害がされないためであるといわれています。

また、学習をあまり長時間続けると、心身共に疲れてしまい、能率が上がらなくなります。さらに、**一気にまとめて反復するより、ある程度の時間をかけて、分散させて反復学習をしたほうが、記憶がより定着しやすいというデータも出ています**（図5）。

したがって、学習後にすぐ睡眠をとるということは、心身を休めるだけでなく、記憶を固定させるという意味でも大切なことなのです。徹夜して勉強するより、規則正しい生活を心がけ、しっかり睡眠をとって本番に臨むようにしたいですね。

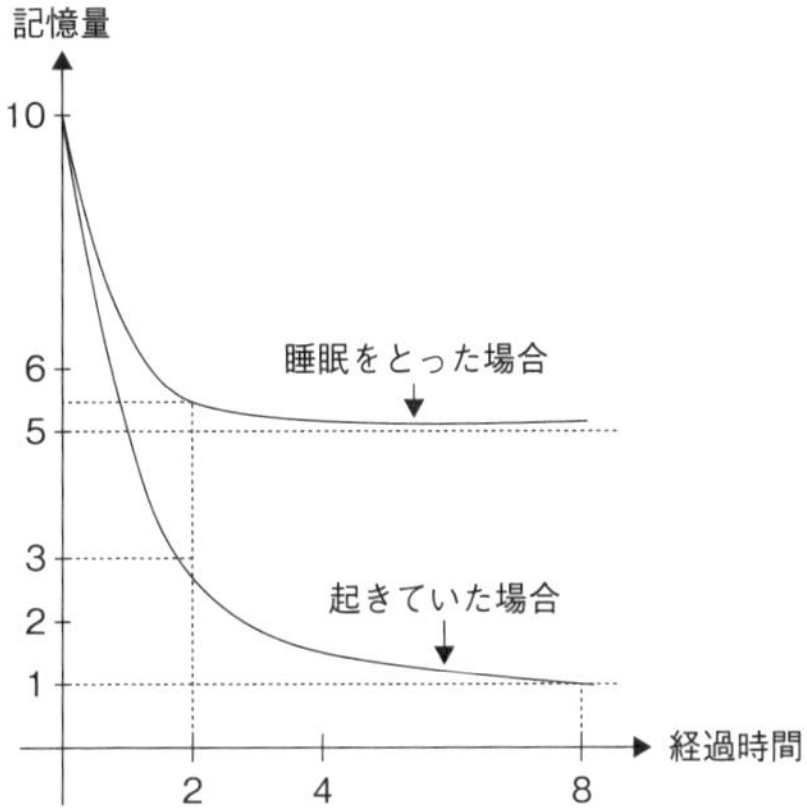

図4．忘却曲線と睡眠の効果

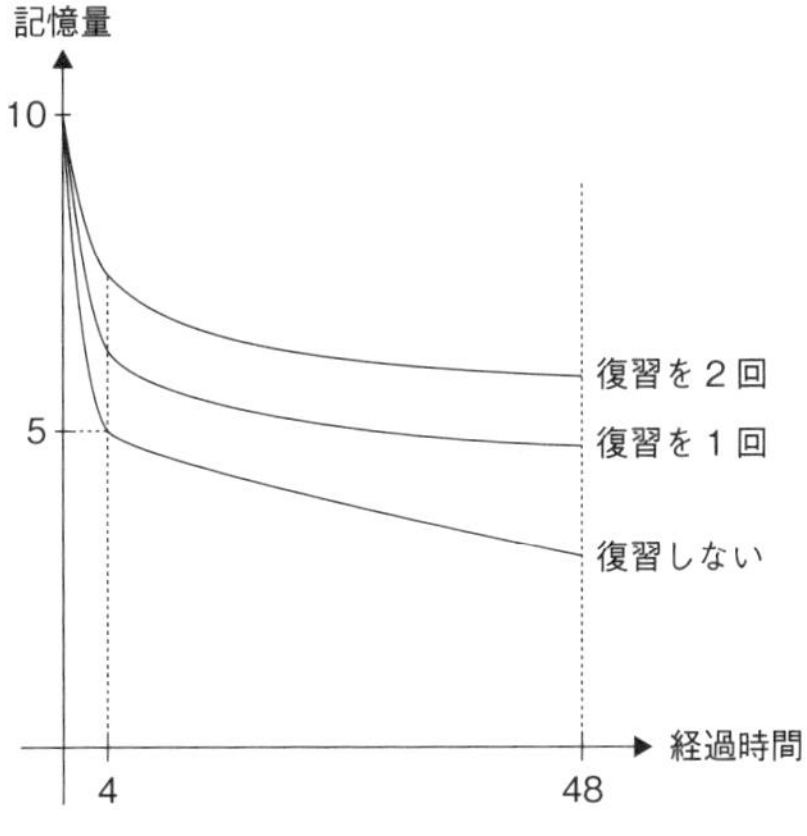

図5．復習を行ったときの忘却曲線

感情をふるわせて覚える。

——勉強中に笑ったり感動したりすると、記憶が定着

言葉を介した記憶と言葉を介さない記憶がある

人間がずっと覚えている記憶（長期記憶）には、言葉にできる記憶と、そうでない記憶の二つに大まかに分けられます。**言葉にできる記憶は「陳述的記憶」といい、言葉にできない記憶は「非陳述的記憶」**と呼ばれます。

このうち、**陳述的記憶には、「意味記憶」と「エピソード記憶」があります。**

意味記憶は知識としての記憶のことで、感情の動きは伴いません。言語の意味や情報の記憶が、それにあたります。

エピソード記憶は、経験した記憶のこと。情緒を伴うことがあり、思い出もこれに該当します。心に傷を負って、ＰＴＳＤ（心的外傷後ストレス障害：忍耐の限界を超えたストレスを受けた後、その記憶がよみがえって不安を感じる状態）の症状が出るときには、特にこのエピソード記憶が混乱しているのです。

非陳述的記憶は「身体の記憶」とも呼べるもの。自転車の乗り方、泳ぎ方、お経の唱え方などの「技能記憶」と、人と会ったときのお辞儀や挨拶の言葉かけなどの「連合記憶」があります。これらを総称して「手続き記憶」ということもあります。

たいてい、大学受験などの筆記試験で必要とされるのは、前者の陳述的記憶のほうだと思います。そこでこの項では、陳述的記憶をうまくこなすちょっとしたテクニックをお教えします。

記憶するかどうかを判断する「海馬」を味方につけよう

前にもお話ししました京大卒お笑い芸人の宇治原さんですが、彼は**「暗記は、感情を伴う形で覚えるといい」とアドバイス**しています。

例えば、歴史などを覚えるときは、「すごいな〜」「怖いな〜」「ずるいな〜」など、感情や感想を口に出して読むと、覚えやすくなります。これは、脳の「海馬《かいば》」という部分が「生存に必要な知識を優先的に記憶する」という機能を持っているからです。

海馬というのは、脳の真ん中あたりにあり、長期記憶を形成するのに非常に重要な部分です。タツノオトシゴのような形をしているので、海馬という名前がつけられました。この海馬で、必要な記憶と不必要な記憶を分類して、必要な記憶を残すという「仕分け」を行っているのです。

つまり、**仕分け人である海馬に、「この記憶は大事だから、ちゃんと記憶しておこう」と判断してもらう必要があります。**そのためには、「怖い」とか「興奮した」などの感情を伴う経験が、効果的なのです。

エピソード記憶は心の動きを伴うので、より記憶されやすく思い出しやすいといえるでしょう。例えば、自分自身で計画を立てて、実際に旅行をした場所のことは、よく覚えていますよね。そして、その場所にまつわる歴史的人物や歴史的事件については、授業で習ったときなどにも印象的に感じられたりして、記憶に刻まれやすくなることも経験したことはありませんか。

また、自分が実際に応援しに行ったスポーツについては、他のスポーツに比べるとルールをより詳しく記憶している、なんていうこともあるでしょう。

このように、**感情を伴う体験はより強く記憶されるのです。**さらに、自分が実際に体験していなくても、マンガなどによる擬似体験でも、エピソード記憶として貯蔵することができます。

勉強は本来楽しいもの マンガを使うのもOK！

受験生時代に、私は地理の先生から「『ゴルゴ13』というマンガを読むとよいですよ」と勧められました。『ゴルゴ13』は、超一流スナイパーである主人公デューク東郷が、世界を股にかけて活躍する劇画です。その国の状況や事情に関わるエピソードが扱われることも多いので、「どこそこの国ではこの産業が……」などと無機的なデータをただ暗記するよりも、デューク東郷と一緒にその国をまわった気になって擬似体験的に覚えるほうが、はるかに簡単で、また楽しく覚えられると思います。

マンガで勉強なんて大丈夫か？と心配する人もいるかもしれませんが、脳にとって記憶しやすい状態を作ってあげるのもまた、その人の能力であると言っても過言ではありません。自分を苦しめるだけが勉強ではありません。**本来、勉強とは新しい世界の扉を開くもの。むしろ、楽しいもの**なのです。

ここまで様々な人を通して、自分をより活かし、輝かせていくための知恵をご紹介しました。

こうしたちょっとしたコツやテクニックをうまく活用して、皆さんが楽しみながら、世界の知性と張り合える自分自身を作り上げていかれることを、心から願ってやみません。

エピローグ

世界で最もクリエイティブな国は日本、最もクリエイティブな都市は東京だそうです。

これはアメリカ Adobe Systems が2012年の3月から4月にかけて行った、米・英・独・仏・日の5ヶ国、成人5000人を対象にした、創造性に関する調査の結果です。少し前の調査ではありますが、日本はアメリカに10ポイントという大差をつけてトップ。都市レベルで見ると、東京はニューヨークに9ポイント、パリに15ポイントの差をつけてトップでした。

この結果を知って「そうだよね！　やっぱり日本はすごいよね」と素直に喜ぶことができる人はどのくらいいるでしょうか？

海外に住まれている方、特にフランスで働いたりした経験のある人は、日本に対する外国人の視線を知っていて「なるほどね」と思う方も多いかもしれないですね。

でも、そうではない方の多くは、「日本は過大評価されているのでは!?」と、やや気恥ずかしく感じるのではないかと思います。

なお、この調査では「自分自身をクリエイティブであると思うかどうか」という項目についてのデータも収集されています。しかし、日本人は19％でダントツの最下位だったそうです（5ヶ国平均では39％）。

このことは、日本人の謙虚さの表れであり、美徳であると捉えることもできます。現状に決して満足しないという意味で、向上心の表れと見ることもできます。でも、欲望や感情を抑える自制心が強すぎるともいえるかもしれません。

「謙虚であらねば」という規範が強固なあまり、せっかく良いものを持っている人が、その良さを発揮しきれずにくすぶってしまう場面に、しばしば遭遇します。これは、とても残念なことではないかと思います。日本の国としても、非常に大きな損失なのではないでしょうか。

この本を書かせていただくことになり、欧州で出会ったかつての同僚たちや、輝くような友人たちのことを、改めてつぶさに分析してみる機会に恵まれました。その中で、日本で頑張る人たちが、世界で通用する自分を築いていくのに必要なことは、「自分自身に対する正当な評価ではないかな」と感じました。

実力では決して引けを取らない日本人です。むしろ、世界レベルで見ても高い能力を持っていることを、誇りにしてもいいくらいだと思います。

また、そのような能力がないと自認している人も、「自分には何もない」と嘆くのはもったいない気がします。自分の適性や可能性をよく観察し、分析して、最適な方向で自分を活かしていくことを考えるほうが、より価値があって楽しい人生を送ることができると思うのです。

とはいえ、「誇りを持ちましょう」「自信を持ちましょう」などといきなり言われても、何だか照れくさいし、振る舞いもぎこちなくなる感じがするでしょう。

日本の武道では、初心者が最初から真剣を使った打ち合いをすることはなく、型を最初に学び、まずはそれを身につけていくことを大切にするのが常だと思います。

実は、日常の振る舞いも同じことです。

最初は困難を感じるかもしれませんが、ちょっと強引にでも新しい思考法で考えるようにしていくことが、はじめの一歩です。普段からそうするように心がけて、3週間ほど続けることができたら、その型ができてくるはずです。

本書では、世界で通用する頭のいい人たちの、面白くて、ためになる生き方、考え方の一端をテンプレートとしてご紹介できたのではないかなと思っています。本書の内容が、皆さんがよりいきいきとして、大きな舞台で活躍されていくための一助となれば、本当に嬉しいと思います。

中野信子

中野信子（なかの・のぶこ）

1975年、東京都生まれ。脳科学者、医学博士、認知科学者。東京大学工学部応用化学科卒業。同大学院医学系研究科脳神経医学専攻博士課程修了。フランス国立研究所ニューロスピンに博士研究員として勤務後、帰国。脳や心理学をテーマに研究や執筆の活動を精力的に行う。科学の視点から人間社会で起こりうる現象及び人物を読み解く語り口に定評がある。現在、東日本国際大学特任教授、京都芸術大学客員教授。著書に『脳はなんで気持ちいいことをやめられないの？』『人は、なぜ他人を許せないのか？』（アスコム）、『サイコパス』（文藝春秋）、『空気を読む脳』『ペルソナ脳に潜む闇』（講談社）、『キレる！』『「嫌いっ！」の運用』（小学館）など多数。また、テレビコメンテーターとしても活躍中。